オリンピックものしりチャンピオン

オリンピック・パラリンピック、スポーツ、からだの"なぜ"

くもん出版

オリンピック ものしりチャンピオン
オリンピック・パラリンピック、スポーツ、からだの"なぜ"

本書は、「オリンピック・パラリンピックのなぜ？」とそれにまつわるスポーツやからだなどの「なぜ？」を合計370問収録しています。

表紙の写真は、第18回東京大会開会式で入場する日本選手団（写真：共同通信社 / ユニフォトプレス）と、古代オリンピックの舞台となった古代ギリシャのゼウスの神殿あと（写真：saiko3p / PIXTA）。

次のページに答えが!!

●もくじ●

オリンピック・パラリンピックが日本にやってくる!!

Q1～ p3

チャレンジ！オリンピック・パラリンピック、スポーツ、からだのなぜ？

Q24～ p13

切手で見るオリンピックの歴史 p53
どこの都市で開催されたの？

Q172～ p61

オリンピック参加国や地域の旗 一覧 ... p91
どこの国や地域の旗かな？

Q292～ p101

さくいん p121

※回答は、いろいろな説のあるものについては、最も一般的な説を採用しています。
※さまざまな分野で活躍されている方々に回答の監修をしていただきました。
※回答のデータ等は、原則として、2018年7月までに公表されたものを使用しました。
※とくにことわりのない場合、「オリンピック」は1896年に始まった近代オリンピックを指します。
※オリンピック夏季大会と冬季大会の正式名称は、夏季を「第○回オリンピアード競技大会」、冬季を「第○回オリンピック冬季競技大会」といい、パラリンピックは「△△（開催都市）□□□□（開催年）パラリンピック競技大会」といいます。本書では一般に呼ばれている名前にならい、オリンピックやパラリンピック全体を指す場合は「オリンピック」、「パラリンピック」、夏季大会、冬季大会を指す場合は、それぞれ「第○回△△オリンピック」、「第○回△△冬季オリンピック」、または「□□□□オリンピック」、「△△大会」、「□□□□冬季大会」（「△△」は開催都市、「□□□□」は開催年）などと表記しました。ただし、2020年東京大会については、組織委員会が「第32回オリンピック競技大会（2020／東京）」「東京2020パラリンピック競技大会」と定めています。

オリンピック・パラリンピックが日本にやってくる!!

Q1 2020年東京大会の開会式はいつ？

Q2 2020年東京大会の正式名称は何？

Q3 このつぼに描かれている絵は何？

◀写真：ユニフォトプレス
Panathenaic black figure amphora depicting a foot race (pottery)
Musee Municipal Antoine Vivenel, Compiegne, France

Q4 この遺せきは何？

写真：Oleg Znamenskiy / stock.foto

A1 2020年東京大会の開会式はいつ？
2020年7月24日だよ。大会は8月9日まで東京で開かれるんだ。パラリンピック競技大会の開会式は8月25日に行われるんだよ。

A2 2020年東京大会の正式名称は何？
第32回オリンピック競技大会（2020／東京）と東京2020パラリンピック競技大会だよ。両方をまとめて、東京2020オリンピック・パラリンピック競技大会ともいうんだ。

A3 このつぼに描かれている絵は何？
古代の競技大会で徒競走をしている様子が描かれているんだよ。古代オリンピックは、この絵のように、男子がはだかで競技を行っていたんだ。表の写真は今から約2600年前に、古代ギリシャで作られたつぼといわれる。

A4 この遺せきは何？
今から約2800年前に古代オリンピックが初めて開かれた、古代ギリシャの都市オリンピアの遺せきだよ。世界遺産に登録されているんだ。

写真：Oleg Znamenskiy / stock.foto

Q5
アジアで開かれるオリンピックは2020年東京大会が初めてなの？

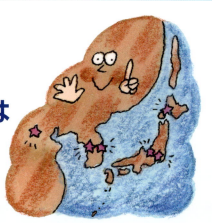

Q6
2020年東京大会の種目はいくつあるの？

Q7
この人はだれ？

写真：ユニフォトプレス

Q8
オリンピックデーってどんな日なの？

Q9
2020年東京大会のメダルの原材料は何？

A5 アジアで開かれるオリンピックは2020年東京大会が初めてなの？

ちがうよ。2020年東京大会で7回目になるんだ。これまでに夏季大会が3回、冬季大会が3回、計6回アジアで開かれたんだよ。そして、2022年には北京（中国）で冬季大会が開催される予定なんだ。

A6 2020年東京大会の種目はいくつあるの？

339種目だよ。2020年の夏季大会は、33の競技が行われるんだ。種目が一番多い競技は、水泳の49種目なんだよ。

※水泳の種目は、競泳以外に、水球、飛びこみ、アーティスティックスイミングをふくむ。

A7 この人はだれ？

フランスの教育者ピエール・ド・クーベルタン男爵（1863～1937年）だよ。近代オリンピックを提唱し、基礎を築いた人なんだ。「近代オリンピックの父」と呼ばれているんだよ。

A8 オリンピックデーってどんな日なの？

オリンピックの復活が決まった日を記念している日なんだ。1894年6月23日に、フランス・パリ大学ソルボンヌ講堂で開かれた会議で決定したんだよ。

※国際オリンピック委員会の創設も記念している。

A9 2020年東京大会のメダルの原材料は何？

全国から集められた、けい帯電話などの小型家電に使われている金属だよ。リサイクルのメダルを作る「都市鉱山からつくる！みんなのメダルプロジェクト」という、国民が参加して小型家電を回収する取り組みなんだ。

Q10 2020年東京大会の新競技は何？

Q11 空手はどこで生まれたの？

Q12 第16回パラリンピック競技大会の競技数はいくつ？

Q13 「パラリンピックの父」と呼ばれる人はだれ？

Q14 2020年東京大会のマスコットの名前は何？

A10 2020年東京大会の新競技は何？

空手、スケートボード、スポーツクライミング、サーフィンの4競技に、復活する野球(男子)・ソフトボール(女子)を加えた5競技なんだ。

A11 空手はどこで生まれたの？

沖縄だよ。沖縄の武術が、中国の武術の影響を受けて生まれたといわれているんだ。もともとは、唐手と書かれていたんだよ。

※唐は中国の王朝のことで、中国という意味にも使われる。

A12 第16回パラリンピック競技大会の競技数はいくつ？

22競技だよ。アーチェリー、陸上競技、ボッチャ、カヌー、自転車競技、馬術、5人制サッカー、ゴールボール、柔道、パワーリフティング、ボート、射げき、水泳、たっ球、トライアスロン、シッティングバレーボール、車いすバスケットボール、車いすフェンシング、ウィルチェアーラグビー、車いすテニス、バドミントン、テコンドーが予定されているんだ。2020年に東京で開催されるんだよ。

A13 「パラリンピックの父」と呼ばれる人はだれ？

ドイツ出身の神経医学者ルートヴィヒ・グットマン(1899～1980年)だよ。「失われたものを数えるな。残された機能を最大限に活かせ」という有名な言葉をのこしたんだ。

写真：ユニフォトプレス

A14 2020年東京大会のマスコットの名前は何？

「ミライトワ」だよ。「すばらしい未来を永遠に」という願いがこめられているんだ。パラリンピック競技大会のマスコットは「ソメイティ」といって、サクラのソメイヨシノと、とても力強いという意味の英語 so mighty から生まれたんだよ。マスコットは、全国の小学生による投票で決まったんだ。

Q15 2020年東京大会の聖火リレーは何県からスタートするの？

Q16 男女混合リレーって何？

Q17 2020年東京大会聖火リレーのコンセプトは何？

Q18 2018年平昌冬季大会のスローガンは何だったの？

▼2018年平昌冬季大会の開会式風景。

写真：Leonard Zhukovsky / stock.foto

A15 2020年東京大会の聖火リレーは何県からスタートするの？

福島県からだよ。2020年3月26日にスタートして、開幕の7月24日まで日本各地をかけめぐり、東日本大震災からの「復興五輪」を印象づけるんだよ。

A16 男女混合リレーって何？

2020年東京大会で新しく登場する陸上競技の種目だよ。男女2人ずつの計4人でチームを作り、400mずつを走るリレーなんだ。パラリンピックでも、陸上と競泳の男女混合リレーが初めて行われるんだよ。

A17 2020年東京大会聖火リレーのコンセプトは何？

「Hope Lights Our Way／希望の道を、つなごう。」だよ。このコンセプトをもとに、日本全国を100日以上かけて回るんだよ。

A18 2018年平昌冬季大会のスローガンは何だったの？

「Passion. Connected.」だよ。「一つになった情熱」という意味なんだ。平昌冬季大会は、韓国で2018年2月9日から25日まで行われたんだよ。

▲2018年平昌冬季大会の開会式風景。

写真：Leonard Zhukovsky / stock.foto

Q19 この硬貨は何？

（表面）

Q20 この硬貨は何？

（表面）　（裏面）

Q21 第33回夏季大会はどこで開かれるの？

Q22 次の冬季大会の開催地はどこ？

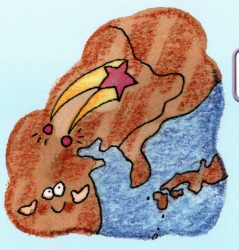

Q23 オリンピック夏季大会と冬季大会が両方開催された都市はあるの？

11

A19 この硬貨は何？

2020年東京オリンピック競技大会の千円の記念銀貨（リオ2016－開催引継記念）だよ。表面には、オリンピックの旗、桜、ブラジルの国花イペーアマレーロが描かれているんだ。パラリンピック競技大会の千円の記念銀貨もあるんだよ。どちらも日本で初めての両面カラーの硬貨なんだ。

（表面）

A20 この硬貨は何？

2020年東京オリンピック競技大会の一万円の記念金貨（第一次発行分）だよ。表面には、流鏑馬と「心技体」という文字がデザインされているんだ。千円の記念銀貨や百円の記念硬貨もあるんだよ。

（表面）

（裏面）

A21 第33回夏季大会はどこで開かれるの？

フランスのパリで、2024年に開かれるんだよ。その次の2028年夏季大会も、アメリカ合衆国のロサンゼルスで開かれることが決定しているんだ。どちらも3回目の開催になるんだよ。

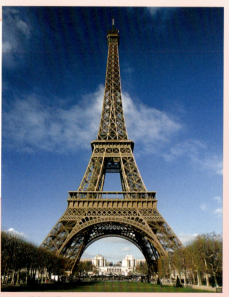
© Paris Tourist Office - Photographer : Stéphane Querbes

A22 次の冬季大会の開催地はどこ？

中国の北京と河北省張家口市だよ。2022年2月4日から20日まで開催される予定なんだ。アジアでは4回目の冬季大会になるんだよ。

A23 オリンピック夏季大会と冬季大会が両方開催された都市はあるの？

ないんだよ。中国の北京が、2008年の夏季大会に続いて2022年に冬季大会が開催される予定になっているんだ。夏季、冬季両方開催される都市は、北京が初めてになるんだよ。

チャレンジ！ オリンピック・パラリンピック、スポーツ、からだのなぜ？

Q24

「オリンピック」と呼ばれるようになったのはなぜ？

Q25

オリンピックに「古代」と「近代」があるの？

Q26
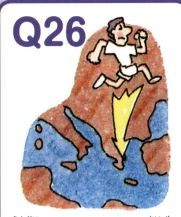
近代オリンピックの1回目の開催地はどこだったの？

Q27

マラソンとなぜ名づけられたの？

Q28

激しい運動をするとなぜハアハアするの？

Q29

ほう丸投げのほう丸の重さは何kgなの？

Q30

ギリシャにあるオリンピアの遺せきで近代オリンピックの競技が行われたって本当？
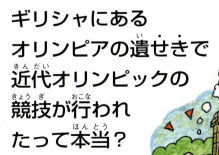

写真：janajanina / stock.foto

A24
「オリンピック」と呼ばれるようになったのはなぜ？
古代ギリシャ時代のオリンピアという地名からだよ。ここで、4年に1度、スポーツの競技大会が開催されていたからなんだ。

A25
オリンピックに「古代」と「近代」があるの？
そうだよ。「古代」は紀元前から4世紀まで、ギリシャのオリンピアで行われていた競技大会のことなんだ。それと区別するために、1896年から始まった大会を「近代」というんだよ。

A26
近代オリンピックの1回目の開催地はどこだったの？
古代オリンピックのふるさと、ギリシャの首都アテネだよ。1896年4月6日に、第1回アテネ大会が開幕したんだ。

A27
マラソンとなぜ名づけられたの？
戦いの勝利を伝える兵士が、マラトンの戦場からアテネ（ギリシャ）まで走ったという伝説からだよ。今から約2500年前のことなんだ。

A28
激しい運動をするとなぜハアハアするの？
エネルギーを使うので、いつもよりたくさんの酸素を取りいれようとするからだよ。酸素は、エネルギーを作る手助けもしているんだ。

A29
ほう丸投げのほう丸の重さは何kgなの？
男子が使うほう丸は7.26kg、女子が使うほう丸は4kgなんだ。とても重いものを投げているんだね。

A30 ギリシャにあるオリンピアの遺せきで近代オリンピックの競技が行われたって本当？
本当だよ。2004年アテネ大会（ギリシャ）で、男女のほう丸投げが古代オリンピック発祥の地・オリンピアの古代競技場あとで行われたんだ。

▶古代オリンピック発祥の地・オリンピアの遺せき。

写真：janajanina / stock.foto

Q31

古代オリンピックはどうしてはだかで競技をしたの？

Q32 古代オリンピックの参加者は男性だけって本当？

▶古代オリンピアを描いた切手（1988年ソウル大会記念・ギリシャ発行）。

Q33

第1回大会に参加したのは何か国だったの？

Q34

マラソンの走るきょりはどこから決まったの？

Q35

マラソンの後なぜ足の筋肉が痛くなるの？

Q36

ふくらはぎって体のどの部分をいうの？

Q37

血液が体の中を回っているのを発見したのはだれ？

Q38

1日に心臓が送りだす血液の量は何L？

A31
古代オリンピックはどうしてはだかで競技をしたの？
不正を防ぐためとか、きたえられた体をほこるためなどといわれているんだよ。

A32
古代オリンピックの参加者は男性だけって本当？
本当だよ。女性は見ることもできなかったんだ。男性の神ゼウスにささげることからとか、男性がはだかで競技したからという説があるんだ。

▲古代オリンピックを描いた切手（1988年ソウル大会記念・ギリシャ発行）。

A33
第1回大会に参加したのは何か国だったの？
14か国だよ。第1回大会は1896年にギリシャのアテネで開催され、241人の男子選手が、8競技43種目の競技を行ったんだ。

A34
マラソンの走るきょりはどこから決まったの？
今から約2500年前の古代ギリシャの伝説で、伝令が走った約40kmのきょりからといわれているんだ。今は42.195kmとなっているんだよ。

A35
マラソンの後なぜ足の筋肉が痛くなるの？
マラソンのように、エネルギーをたくさん使う運動をすると、つかれの物質の乳酸が作られ、血液の流れを悪くするからといわれているんだよ。

A36
ふくらはぎって体のどの部分をいうの？
すね（ひざから少し下）の、後ろ側のふくらんだ部分だよ。筋肉でできているんだ。「ふくら」は、ふくらんでいることなどを、「はぎ」はすねを意味する言葉なんだよ。

A37
血液が体の中を回っているのを発見したのはだれ？
イギリスの生理学者ウイリアム・ハーベー（1578～1657年）だよ。1628年にそのことを発表したんだ。それまでは、心臓の中だけで動いていると思われていたんだよ。

A38
1日に心臓が送りだす血液の量は何L？
心臓が送りだす血液の量は、1分間に平均5Lといわれているんだ。1日に7200Lほどにもなるんだ。ドラムかんにして約36本分なんだよ。

Q39

古代オリンピックが行われた国はどこ？

Q40

近代オリンピックの開会式で最初のアナウンスに使われる言葉は何語？

Q41
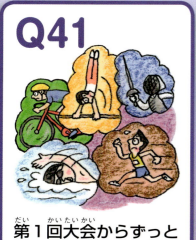
第1回大会からずっと続いている競技は何？

Q42

オリンピックの聖火はどこから運ばれるの？

Q43

「アキレスけん」とどうしていうの？

Q44
古代オリンピックは何のために行われたの？

写真：Oleg Znamenskiy / stock.foto

A39
古代オリンピックが行われた国はどこ？

古代ギリシャだよ。オリンピア地方で行われていた「オリンピア祭典競技」の他に、コリント地方やネメア地方、デルフォイ地方などでも同じような競技祭が行われていたんだ。

A40 近代オリンピックの開会式で最初のアナウンスに使われる言葉は何語？

フランス語だよ。閉会式もそうなんだ。近代オリンピックの提唱者クーベルタン男爵がフランス人だったから、敬意を表しているんだよ。

A41
第1回大会からずっと続いている競技は何？

1896年の第1回アテネ大会（ギリシャ）から続いている競技は、競泳、陸上競技、体操競技、フェンシング、自転車の5競技だけなんだよ。

A42
オリンピックの聖火はどこから運ばれるの？

古代オリンピックが行われた、ギリシャのオリンピアにあるヘラ神殿という遺せきからだよ。ここから開催地に運ばれるんだ。

A43
「アキレスけん」とどうしていうの？

ギリシャ神話に登場する英雄、アキレスの名前からだよ。この部分が、彼のただひとつの弱点だったからなんだ。
※アキレウスともいう。

A44 古代オリンピックは何のために行われたの？

古代ギリシャの最高の神ゼウスにささげるためといわれているんだよ。オリンピアにゼウスの神殿を建て、競技大会を行ったんだ。戦争中に伝染病が流行した際、神のお告げで戦争を休止して、競技祭を開くようになったという伝説があるんだ。

▶オリンピアのゼウス神殿あと。

写真：Oleg Znamenskiy / stock.foto

Q45

古代オリンピックは何回開催されたの？

Q46 古代オリンピックの最初のころの種目は何？

Q47 近代五種の5つの競技は何？

Q48

オリンピックが4年に1回開かれるのはなぜ？

Q49

「五輪マーク」を考えた人はだれ？

Q50

オリンピックを日本で「五輪」ともいうのはなぜ？

Q51

オリンピックの五輪のマークの色は何？

A45
古代オリンピックは何回開催されたの？

293回といわれているよ。古代オリンピックは、記録では紀元前776年に第1回が行われ、393年まで、中断されることなく開催されたんだ。

A46 古代オリンピックの最初のころの種目は何？

競技場の端から端まで、約190m（古代のきょりの単位で1スタディオン）を走る短きょり競走（スタディオン走）だけだったんだよ。第15回（紀元前720年）から、競技場を10往復ほど走る競技が加わったんだ。

※1スタディオンは、古代ギリシャ神話の英雄ヘラクレスが息を止めて走ったきょりとも、ゼウスの足の裏の600歩分ともいわれたりしている。

A47
近代五種の5つの競技は何？

フェンシング、水泳、馬術、射げき、ランニングだよ。ひとりの選手が5種目に挑戦するんだ。1912年のストックホルム大会（スウェーデン）から男子、2000年のシドニー大会（オーストラリア）から女子の正式競技になったんだよ。

▲近代五種を描いた切手（第18回東京オリンピック募金切手・日本発行）。

A48
オリンピックが4年に1回開かれるのはなぜ？

約2800年前から行われていた古代オリンピックが、4年に1回開かれていたからだよ。近代オリンピックは、それをもとにしたからなんだ。

A49
「五輪マーク」を考えた人はだれ？

近代オリンピックの提唱者フランスのピエール・ド・クーベルタン男爵だよ。正式には「オリンピック・シンボル」というんだ。

A50
オリンピックを日本で「五輪」ともいうのはなぜ？

新聞記者が考えた言葉なんだ。第12回東京大会の開催決定の記事を書くときに、記事の見出しが長くなるので、「五輪」と略したからなんだよ。

※オリンピックのシンボルの5つの輪や、宮本武蔵の著した『五輪書』をヒントにした。第12回東京大会（1940年）は、戦争の影響で中止された。

A51
オリンピックの五輪のマークの色は何？

向かって左から、青、黄、黒、緑、赤だよ。ヨーロッパ、アメリカ、アフリカ、アジア、オセアニアの5つの大陸の結合と連帯を表しているんだ。ただ、どの色がどの大陸を示すとは決められていないんだよ。

Q52
オリンピックの聖火は何から採火されるの？

▶ギリシャのヘラ神殿あとで行われる、聖火の採火式。

写真：VASILIS VERVERIDIS / stock.foto

Q53

聖火リレーは何がヒントだったの？

Q54

オリンピックの最終聖火ランナーは秘密なの？

Q55

第18回東京大会の最終聖火ランナーはだれだったの？

Q56

古代オリンピックの優勝者にあたえられたものは何？

Q57

オリンピック大会の正式な名前は何というの？

Q58

「オリンピアード」って何のこと？

A52
オリンピックの聖火は何から採火されるの？
太陽の光からだよ。古代オリンピックが行われた、ギリシャのオリンピアにあるヘラ神殿の前で、太陽の光を凹面鏡で集めて採火するんだ。

A53
聖火リレーは何がヒントだったの？
古代オリンピックのたいまつリレーがヒントだったんだよ。第11回ベルリン大会（1936年、ドイツ）で、初めて聖火リレーが行われたんだ。

A54
オリンピックの最終聖火ランナーは秘密なの？
そうなんだよ。開会式の楽しいサプライズになっているんだ。第26回アトランタ大会（1996年、アメリカ合衆国）のときは、ローマ大会（1960年、イタリア）のボクシング金メダリストのモハメド・アリ（当時の名前はカシアス・クレイ／1942～2016年）だったんだよ。

A55
第18回東京大会の最終聖火ランナーはだれだったの？
19歳の陸上選手、坂井義則（1945～2014年）だよ。広島市に原子ばくだんが投下された、1945年（昭和20年）8月6日に広島県三次市（当時は双三郡三次町）で生まれたんだ。

※1964年に開催。

A56
古代オリンピックの優勝者にあたえられたものは何？
神域から金の鎌でかりとった、オリーブの葉で作ったかんむりだよ。石像を作って、神域に建てることも許されたんだよ。

A57
オリンピック大会の正式な名前は何というの？
夏の大会は「第〇回オリンピアード競技大会」、冬に行われる冬季大会は「第〇回オリンピック冬季競技大会」というんだよ。

A58
「オリンピアード」って何のこと？
次にオリンピックが開かれるまでの4年間を、1つの単位として数える方法をいうんだよ。古代ギリシャのオリンピア祭から始まった単位なんだ。

Q59

2004年アテネ大会で使われた聖火トーチの形は何？

Q60

金、銀、銅のメダルはいつから授与されているの？

Q61

日本がオリンピックに初参加した大会はいつだったの？

Q62
入場プラカードに「NIPPON」と書かれた大会はどこだったの？

Q63

オリンピックの水泳は初めからプールで行われたの？

Q64

第1回アテネ大会の水泳の泳法は何だったの？

Q65

きたえると筋肉が発達するのはなぜ？

A59
2004年アテネ大会で使われた聖火トーチの形は何?

オリーブの葉だよ。古代オリンピックの優勝者には、オリーブの葉で作られた、かんむりをおくったんだよ。

※ギリシャで開催。

A60
金、銀、銅のメダルはいつから授与されているの?

金、銀、銅のメダルが登場したのは、第3回セントルイス大会(1904年、アメリカ合衆国)からなんだよ。

A61
日本がオリンピックに初参加した大会はいつだったの?

1912年だよ。第5回ストックホルム大会(スウェーデン)で、日本は初めてオリンピックに参加したんだ。

A62
入場プラカードに「NIPPON」と書かれた大会はどこだったの?

日本が初めて参加した、ストックホルム大会(1912年、スウェーデン)だよ。「NIPPON」と書かれたプラカードを持って、開会式を行進したんだ。NIPPONと記された大会はこれだけで、以後は全て「JAPAN」なんだよ。

▶第5回ストックホルム大会で、「NIPPON」のプラカードを持って入場する日本選手団。

写真:共同通信社／ユニフォトプレス

A63
オリンピックの水泳は初めからプールで行われたの?

ちがうよ。海や川や湖で行われたんだ。第1回アテネ大会(1896年、ギリシャ)は海、第2回パリ大会(1900年、フランス)は川、第3回セントルイス大会(1904年、アメリカ合衆国)は湖で行われたんだよ。

A64
第1回アテネ大会の水泳の泳法は何だったの?

泳法は決まっていなかったけど、ほとんどが平泳ぎだったんだよ。今は個人種目としては、男女それぞれにクロール(自由形)、平泳ぎ、背泳ぎ、バタフライの4泳法があるんだよ。

※第1回は1896年、ギリシャで開催。表は1948年ロンドン大会記念切手(モナコ発行)。

A65
きたえると筋肉が発達するのはなぜ?

筋肉は筋せんいという細い筋肉が束になってできているんだ。きたえると、筋せんいが太くなるからだよ。

Q66
第1回大会の優勝者は何を授与されたの？

Q67

オリンピックの金メダルの本体は純金製なの？

Q68

陸上の100m走のゴールは体のどこで決めるの？

Q69

オリンピックに初参加したときの日本の団長はだれ？

Q70

オリンピックでたこあげが行われたって本当？

Q71

オリンピック夏季大会が開催される年はうるう年？

Q72

2月に29日があるときとないときがあるのはなぜ？

Q73

うるう年を計算で知ることができるの？

25

A66
第1回大会の優勝者は何を授与されたの？

銀メダルとオリーブの小枝だよ。2位は銅メダルと月けいじゅの小枝、3位には何もあたえられなかったんだ。

※1896年アテネ大会(ギリシャ)。

写真：ユニフォトプレス

▶第1回大会の銀メダル。

A67
オリンピックの金メダルの本体は純金製なの？

ちがうよ。本体はほとんど純銀に近い銀(純度92.5％以上)なんだ。それに、6ｇ以上の純金が張られているんだよ。

A68
陸上の100ｍ走のゴールは体のどこで決めるの？

100ｍ走のゴールは、決勝線に頭や手足などを除いたどう体のどこかが入った順で決めるんだ。

A69
オリンピックに初参加したときの日本の団長はだれ？

柔道家・教育者、嘉納治五郎(1860〜1938年)だよ。日本が初参加した、1912年ストックホルム大会(スウェーデン)に、団長の嘉納と選手2人、役員の4人で参加したんだよ。

A70
オリンピックでたこあげが行われたって本当？

本当だよ。でも、パリ大会(1900年、フランス)で行われた公開競技のひとつだったんだ。パリ大会は、万国博覧会の付属大会だったんだよ。魚釣りも公開競技として行われたんだ。

A71
オリンピック夏季大会が開催される年はうるう年？

そうだよ。オリンピック夏季大会は4年に1回、うるう年も4年に1回だからね。でも、たまたま同じ年に重なっているだけなんだよ。

※第2回パリ大会の1900年は、うるう年ではなかった。

A72
2月に29日があるときとないときがあるのはなぜ？

1年は、365日と約5時間48分45秒なんだ。そのために、4年に1回、2月に1日をたして調節しているんだ。この年をうるう年というんだよ。

A73
うるう年を計算で知ることができるの？

できるよ。西暦の数字が4で割りきれる年がうるう年なんだ。例外で、100の倍数の年はうるう年にならないんだよ。だけど、400の倍数の年は特別で、うるう年になるんだ。

Q74

オリンピックの射げきで生きたハトを的にしたって本当?

Q75

リレー競技の最後の走者をなぜアンカーというの?

Q76
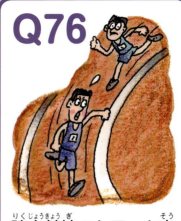
陸上競技のトラック走はなぜ左回りなの?

Q77
第1回大会のトラック走は右回りだったって本当?

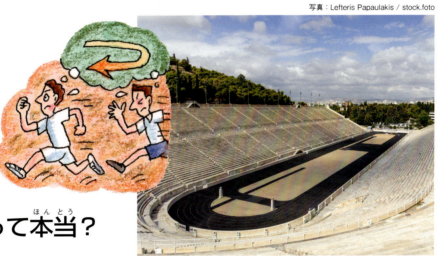

写真:Lefteris Papaulakis / stock.foto

Q78

「勝つことではなく参加することに意義がある」はだれの言葉?

Q79

「負けるが勝ち」ってどんな意味?

Q80

日本人がオリンピックに初出場した競技は何?

A74
オリンピックの射げきで生きたハトを的にしたって本当？

本当だよ。第2回パリ大会(1900年、フランス)の射げきの種目にあったんだ。ざんこくなので、この大会以降は禁止されたんだよ。

A75
リレー競技の最後の走者をなぜアンカーというの？

アンカー(英語でanchor)は、船のいかりのことなんだよ。重しの役目から、つなひきで一番後ろの人をそう呼ぶようになり、最後の走者もアンカーと呼ぶようになったといわれているんだ。

A76
陸上競技のトラック走はなぜ左回りなの？

1910年代に、国際陸上競技連盟で左回りと決めたからだよ。左回りのほうが走りやすいとか、記録が出やすいからなどといわれているんだ。

A77　第1回大会のトラック走は右回りだったって本当？

本当だよ。今と逆だったんだ。トラックは直線きょりが長くて、コーナーが急カーブだったので、ヘアピン・カーブと呼ばれたんだよ。

※第1回大会は、1896年にアテネ(ギリシャ)で開催。

写真：Lefteris Papaulakis / stock.foto

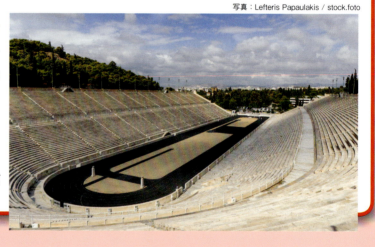

▶第1回大会が行われた競技場。改装されて第28回大会で使用された。

A78
「勝つことではなく参加することに意義がある」はだれの言葉？

アメリカ合衆国のタルボット主教(1848～1928年)だよ。その言葉を後にクーベルタン男爵が使うようになったんだよ。

A79
「負けるが勝ち」ってどんな意味？

今負けたことにしたほうが、結果的には勝ちに結びつくという意味だよ。長い目で見れば、結局有利になり、勝つことになるというたとえなんだ。

A80
日本人がオリンピックに初出場した競技は何？

陸上だよ。1912年の第5回ストックホルム大会(スウェーデン)に、短きょり走の三島弥彦(1886～1954年)と、マラソンの金栗四三(1891～1983年)が出場したんだ。

Q81

オリンピックで4〜8位になった入賞者は何がもらえるの？

Q82

運動するとあせをかくのはなぜ？

Q83
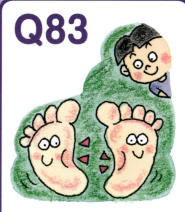
足の裏の土ふまずはいつごろからできるの？

Q84

骨は何でできているの？

Q85

血液が体を一周するのに何分くらいかかるの？

Q86

全身の血管をつなぐとどのくらいの長さになるの？

Q87

メンバーが「イレブン」と呼ばれるスポーツは何？

Q88
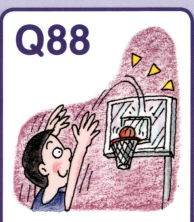
1チーム5人で行うスポーツは何？

Q89

ノーベル賞を受賞したオリンピックメダリストはだれ？

A81
オリンピックで4〜8位になった入賞者は何がもらえるの？
賞状だよ。昔は1〜6位まで、今は1〜8位までが入賞なんだ。1〜3位はメダルと賞状、4〜8位は賞状があたえられるんだよ。

A82
運動するとあせをかくのはなぜ？
体温を調節するためだよ。運動をすると、体温が上がってしまうんだ。あせが皮ふから蒸発するときに、熱をうばって体温を下げるんだよ。

A83
足の裏の土ふまずはいつごろからできるの？
3歳くらいからだよ。生まれたばかりの赤ちゃんは、土ふまずがないんだ。歩きはじめるようになって、土ふまずができるんだよ。

A84
骨は何でできているの？
骨の主な成分はカルシウムだよ。小魚などに多くふくまれているんだ。強い骨を保つためには、カルシウムをしっかりとることが大切なんだよ。

A85
血液が体を一周するのに何分くらいかかるの？
平均すると約1分だよ。血液が心臓を出発して、また心臓にもどって来る時間なんだ。おとなの体には約5Lの血液が、1秒間に30cmくらいの速さで流れているんだよ。
※血液の流れるルートによってちがいがある。

A86
全身の血管をつなぐとどのくらいの長さになるの？
おとなで約10万kmだよ。地球を2周半もする長さなんだ。太い血管や、細い血管が体のすみずみに広がっているんだよ。

A87
メンバーが「イレブン」と呼ばれるスポーツは何？
サッカーだよ。1チームが11（英語でイレブン）人の選手で試合をするからだよ。アメリカンフットボール、クリケットもそう呼ぶことがあるんだ。

A88
1チーム5人で行うスポーツは何？
代表的なスポーツは、バスケットボールだね。フットサルなども5人なんだ。目が不自由な人が行う、ブラインドサッカーもそうなんだ。

A89
ノーベル賞を受賞したオリンピックメダリストはだれ？
イギリスのフィリップ・ノエル＝ベーカー（1889〜1982年）だよ。アントワープ大会（1920年、ベルギー）の男子1500m走で銀メダルをかく得、その後政治家となり、1959年にノーベル平和賞を受賞したんだ。

Q90
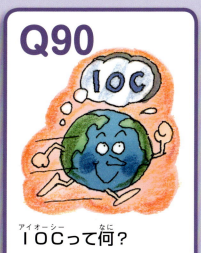
IOCって何？

Q91

ユース・オリンピック競技大会って何？

Q92

オリンピックの開催都市はだれが決めるの？

Q93
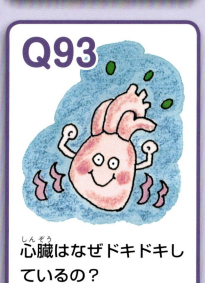
心臓はなぜドキドキしているの？

Q94

「学生のオリンピック」とも呼ばれる競技大会は何？

Q95

体はなぜあたたかいの？

Q96

オリンピック夏季大会は中止されたことがあるの？

Q97

運動をすると心臓が速く打つのはなぜ？

Q98

夏季大会で日本がリオデジャネイロ大会までにかく得した金メダルはいくつ？

A90
IOCって何？
国際オリンピック委員会（International Olympic Committeeの略）のことなんだ。夏季、冬季オリンピックと、ユース・オリンピック競技大会を主催する団体なんだよ。

A91
ユース・オリンピック競技大会って何？
IOC主催の15～18歳を対象にした、国際総合競技大会のことなんだよ。2010年に、シンガポールで第1回夏季大会が開催されたんだ。夏季大会と冬季大会がそれぞれ4年毎に、開かれるんだよ。

A92
オリンピックの開催都市はだれが決めるの？
国際オリンピック委員会（IOC）の委員が総会で投票して、開催地を決めるんだよ。

A93
心臓はなぜドキドキしているの？
心臓は筋肉でできていて、いつものびたり縮んだりして、血液を送りだしているんだよ。その動きをドキドキと感じるんだ。

A94
「学生のオリンピック」とも呼ばれる競技大会は何？
ユニバーシアードだよ。2年毎に開かれる、全世界の大学生や大学の卒業生などのスポーツ総合競技大会なんだ。夏季大会と冬季大会が、奇数年に開かれるんだよ。

A95
体はなぜあたたかいの？
体の中でいつも熱を作っているからなんだ。体に取りこんだ栄養分や酸素などを使い、筋肉や内臓で、熱を作っているんだよ。

A96
オリンピック夏季大会は中止されたことがあるの？
3回あるんだ。第6回（1916年、ベルリン）、第12回（1940年、東京）、第13回（1944年、ロンドン）は、戦争のため開催されなかったんだよ。
※第12回の東京の代替地ヘルシンキも開催されなかった。

A97
運動をすると心臓が速く打つのはなぜ？
心臓がふだんよりたくさん動いて、血液を多く送りだすからだよ。こうして、運動で使われた栄養や酸素を補っているんだよ。

A98
夏季大会で日本がリオデジャネイロ大会までにかく得した金メダルはいくつ？
142だよ。銀メダル、銅メダルを合わせると合計439のメダルをかく得しているんだ。
※2016年、ブラジルで開催。

Q99

オリンピックの金メダルの大きさはどのくらい？

Q100

メダルのデザイン（表面）のテーマは決まっているの？

Q101

オリンピックのメダルの形はすべて丸いの？

写真：共同通信社／ユニフォトプレス

Q102
オリンピックで初めて日本人がメダルをかく得した競技は何？

Q103

テニスのラケットはいつごろ発明されたの？

Q104

ソフトテニスはどこの国で考えられたの？

33

A99
オリンピックの金メダルの大きさはどのくらい？
直径6cm以上、厚さ3mm以上だよ。銀メダルや銅メダルも金メダルと同じ大きさなんだ。

写真：共同通信社／ユニフォトプレス

A100
メダルのデザイン（表面）のテーマは決まっているの？
夏季大会は、ギリシャ神話に登場するニケという勝利の女神の図柄と決まっているんだよ。冬季大会はその大会のエンブレムと大会の正式名を表面のテーマにすれば、デザインは自由なんだ。

A101
オリンピックのメダルの形はすべて丸いの？
ほとんどが丸かったけど、四角いメダルがあったんだよ。第2回パリ大会（1900年、フランス）のメダルが四角形だったんだ。メダルは陸上競技だけに授与され、選手に届いたのが2年後だったんだよ。

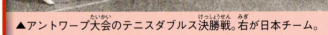
▲アントワープ大会のテニスダブルス決勝戦。右が日本チーム。

A102
オリンピックで初めて日本人がメダルをかく得した競技は何？
テニスだよ。第7回アントワープ大会（1920年、ベルギー）で、男子シングルスで熊谷一弥（1890〜1968年）が、男子ダブルスで熊谷一弥と柏尾誠一郎（1892〜1962年）のペアが、それぞれ銀メダルをかく得したんだ。

A103
テニスのラケットはいつごろ発明されたの？
13世紀ごろのヨーロッパといわれているよ。初めは、手のひらでボールを打ちあっていたんだ。最初のラケットは、日本の羽子板のようなもので、糸（ガット）が張られていなかったんだよ。

A104
ソフトテニスはどこの国で考えられたの？
日本だよ。テニスが外国から伝わった明治時代は、こう式ボールが手に入りにくかったんだ。そこで国産のゴムボールを使った、ソフトテニスが生まれたんだよ。
※なん式テニスとも呼ばれる。

Q105

JOCって何？

Q106

近代オリンピック第1回大会の参加者は男性だけだったって本当？

Q107

オリンピックで最初に女性が参加した競技は何？

Q108
日本の女子選手が初めてメダルをかく得した大会は？

写真：朝日新聞社／ユニフォトプレス

Q109

サッカーはいつからオリンピック競技に採用されたの？

Q110

マラソンで42.195kmを走るのはなぜ？

Q111

オリンピック初の日本人マラソン選手はだれ？

A105
JOCって何？

日本オリンピック委員会のことだよ。英語のJapanese Olympic Committeeの頭文字をとって、JOCと略したんだ。選手の強化や派けん、オリンピックの精神を広めることを目的としているんだ。

A106
近代オリンピック第1回大会の参加者は男性だけだったって本当？

本当だよ。古代オリンピックの参加者が、男性だけだったなどの理由からなんだ。女性が参加するようになったのは、第2回大会からなんだよ。

※第1回アテネ大会(ギリシャ)は1896年、第2回パリ大会(フランス)は1900年開催。

A107
オリンピックで最初に女性が参加した競技は何？

テニスとゴルフだよ。1900年にフランスで開かれた第2回パリ大会に、アメリカ合衆国、イギリス、スイス、フランスから22人の女性がテニスとゴルフに参加したんだ。

A108

日本の女子選手が初めてメダルをかく得した大会は？

1928年の第9回アムステルダム大会(オランダ)だよ。人見絹枝(1907〜1931年)が、陸上女子800mで銀メダルをかく得したんだ。

表の写真は、アムステルダム大会女子100m予選を1位でゴールする人見絹枝。

A109
サッカーはいつからオリンピック競技に採用されたの？

第2回パリ大会(1900年、フランス)から男子が非公式種目として、第26回アトランタ大会(1996年、アメリカ合衆国)から女子が正式種目に採用されたんだよ。

※男子サッカーが正式種目になったのは、1908年のロンドン大会(イギリス)から。

A110
マラソンで42.195kmを走るのはなぜ？

第4回ロンドン大会(1908年、イギリス)で走ったきょりを正式なきょりと決めたからなんだ。それまでは、40km前後とまちまちだったんだよ。

A111
オリンピック初の日本人マラソン選手はだれ？

金栗四三(1891〜1983年)だよ。ストックホルム大会(1912年、スウェーデン)のマラソンに出場したけど、暑さで倒れき権してしまったんだ。1967年にストックホルムでのオリンピックの記念式典に招待され、55年越しのゴールテープを切ったんだ。

Q112
日本の女子選手が初めて金メダルをかく得した競技は何？

Q113

レコードにもなった「前畑ガンバレ！」という言葉は何？

Q114

日本選手オリンピック最年少出場記録は何歳？

Q115
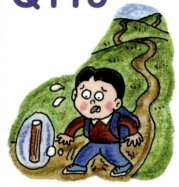
「足が棒になる」ってどんな意味？

Q116

ろっ骨のことを「あばら骨」というのはなぜ？

Q117

空気はほとんど酸素なの？

Q118

吸う息とはく息は同じなの？

A112
日本の女子選手が初めて金メダルをかく得した競技は何？

水泳だよ。第11回ベルリン大会（1936年、ドイツ）で、前畑秀子（1914〜1995年）が女子200m平泳ぎで、日本女子初の金メダルをかく得したんだ。

▲1位でゴールする前畑秀子（第6コース）。

写真：共同通信社／ユニフォトプレス

A113
レコードにもなった「前畑ガンバレ！」という言葉は何？

第11回ベルリン大会（1936年、ドイツ）で、女子200m平泳ぎに出場し日本女子初の金メダリストになった前畑秀子を一生けん命応援する、日本のアナウンサーが連呼した言葉だよ。

A114
日本選手オリンピック最年少出場記録は何歳？

12歳だよ。ガルミッシュ・パルテンキルヘン大会（1936年、ドイツ）に、フィギュアスケートで出場した稲田悦子（1924〜2003年）だよ。

※現在の年齢制限とは異なる。

A115
「足が棒になる」ってどんな意味？

足がとてもつかれたという意味なんだ。長い間歩いたり、立ったりして、足の筋肉がこわばって、棒のようになったというたとえなんだよ。

A116
ろっ骨のことを「あばら骨」というのはなぜ？

あばらは、目があらいことや、すき間が多いという意味なんだよ。ろっ骨は、骨の組みあわせにすき間があるので、あばら骨とも呼ぶんだ。

A117
空気はほとんど酸素なの？

ちがうよ。空気中にしめる酸素は約21％なんだ。ほとんどがちっ素で約78％、二酸化炭素は0.03％ほどなんだ。人間は呼吸することで、空気（大気）中の酸素を体に取りこんでいるんだよ。

A118
吸う息とはく息は同じなの？

ちがうよ。はいた息は酸素が減って、二酸化炭素が増えるんだ。呼吸は酸素を体に取りこんで、そのときにできた二酸化炭素を体の外に出す、生き物の活動なんだよ。

Q119

「人間機関車」と呼ばれた陸上選手はだれ？

Q120

ひざこぞうは何のためにあるの？

Q121

漢字の足と脚はどうちがうの？

Q122

日本人で初めてオリンピックで金メダルをかく得した人はだれ？

Q123

「三段跳び」と名づけた人はだれ？

Q124

オリンピックの種目に立ち幅跳びがあったの？

Q125

テニスとたっ球どっちが先に生まれたの？

Q126

たっ球のことをなぜピンポンと名づけたの？

A119
「人間機関車」と呼ばれた陸上選手はだれ？

チェコスロバキア（今のチェコ）の陸上選手エミール・ザトペック（1922〜2000年）だよ。ロンドン大会（1948年、イギリス）とヘルシンキ大会（1952年、フィンランド）の長きょり走で、計5個のメダルをかく得したんだ。苦しそうな表情で息をはきながら走る姿から、そう呼ばれたんだよ。

A120
ひざこぞうは何のためにあるの？

ひざの関節を守ったり、ひざののび縮みのときに関節を固定したりするためにあるんだよ。ひざの皿とか、ひざ頭とも呼んでいるけど、医学的には膝蓋骨というんだ。

A121
漢字の足と脚はどうちがうの？

つま先から足首までを足、足首からこし（骨盤あたり）までを脚と、今は書いたり呼んだりしているんだ。脚は、きゃくとも読むんだよ。

A122
日本人で初めてオリンピックで金メダルをかく得した人はだれ？

織田幹雄（1905〜1998年）だよ。第9回アムステルダム大会（1928年、オランダ）の陸上競技、三段跳びで15m21cmを跳んで、金メダルをかく得したんだ。

A123
「三段跳び」と名づけた人はだれ？

日本初の金メダリスト、織田幹雄（1905〜1998年）だよ。当時英語の「hop step and jump」からホ・ス・ジャンプなどと呼ばれていたものを、三段跳びと名づけたんだ。

A124
オリンピックの種目に立ち幅跳びがあったの？

あったんだよ。1900年のパリ大会（フランス）から、1912年のストックホルム大会（スウェーデン）まで行われていたんだ。立ち高跳びもあったんだよ。

A125
テニスとたっ球どっちが先に生まれたの？

テニスだよ。11世紀ごろに、ヨーロッパで生まれたらしいんだ。たっ球は19世紀になって、テニスをもとにして、生まれたんだよ。

A126
たっ球のことをなぜピンポンと名づけたの？

たっ球のことを英語で、ping-pongというんだよ。たっ球のボールを、ラケットで打つ音からそう呼ばれるようになったんだ。

※英語でtable tennisともいう。

Q127

オリンピックには夏季大会と冬季大会があるの？

Q128
オリンピックの夏季、冬季両方の大会に初めて出場した日本女子選手はだれ？

Q129

「バロン・ニシ」と呼ばれたオリンピック選手はだれ？

Q130

十種競技の10個の競技は何？

Q131

人間の体温が夏でも冬でも同じくらいなのはなぜ？

Q132

力こぶはなぜできるの？

Q133

おとなが子どもより力が強いのはなぜ？

Q134

つかれはどうして起こるの？

A127
オリンピックには夏季大会と冬季大会があるの？

あるんだよ。夏季大会は1896年のアテネ大会(ギリシャ)から、冬季大会は1924年のシャモニー・モンブラン大会(フランス)から開かれているんだ。どちらも4年に1度開催されるんだよ。

A128
オリンピックの夏季、冬季両方の大会に初めて出場した日本女子選手はだれ？

橋本聖子(1964年～)だよ。スピードスケート女子で、1984年サラエボ(ユーゴスラビア＝今のボスニア・ヘルツェゴビナ)、1988年のカルガリー(カナダ)、1992年のアルベールビル(フランス)、1994年のリレハンメル(ノルウェー)の冬季大会に、自転車競技で1988年のソウル(韓国)、1992年のバルセロナ(スペイン)、1996年のアトランタ(アメリカ合衆国)の夏季大会に出場したんだ。

A129
「バロン・ニシ」と呼ばれたオリンピック選手はだれ？

軍人で男爵の西 竹一(1902～1945年)だよ。ロサンゼルス大会(1932年、アメリカ合衆国)の馬術で金メダルをかく得したんだ。遠征中のヨーロッパやアメリカ合衆国で、バロン(男爵)と呼ばれた人気者だったんだよ。

A130
十種競技の10個の競技は何？

100m走、走り幅跳び、ほう丸投げ、走り高跳び、400m走、110mハードル、円ばん投げ、棒高跳び、やり投げ、1500m走だよ。一人で2日間かけてチャレンジするんだ。

A131
人間の体温が夏でも冬でも同じくらいなのはなぜ？

熱は主に、筋肉や内臓で作りだされるんだ。それを、脳からの指令によって、外部の温度に対応して調整をしたり、あせを出したりして、調節しているんだよ。

A132
力こぶはなぜできるの？

ひじを曲げると、うでの筋肉が縮んで盛りあがるからだよ。力こぶの筋肉は上腕二頭筋といって、ひじを曲げたりするなどの役目をしているんだ。

A133
おとなが子どもより力が強いのはなぜ？

おとなの方が、筋肉が発達しているからだよ。ものを持ちあげたりする力は、筋肉が縮むことによって出るんだ。

A134
つかれはどうして起こるの？

つかれの物質が筋肉にたまるからだよ。運動などをすると、酸素不足によって乳酸という物質が作られるんだ。この乳酸がつかれの物質といわれているんだよ。

Q135 アジアで最初にオリンピックを開催した国は？

Q136 第18回東京大会の日本選手団の旗手はだれだったの？

Q137 日本の国旗を「日の丸」というのはなぜ？

Q138 ジェットエンジンを発明したのはだれ？

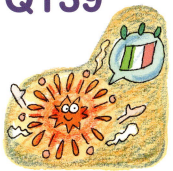
Q139 花火はどこの国で発明されたの？

Q140 伝書ばとはなぜ遠い所から巣に帰ってこられるの？

▼第18回東京大会の開会式風景。航空自衛隊の飛行チーム『ブルーインパルス』によって空にスモークで五輪が描かれた。

写真：朝日新聞社／ユニフォトプレス

A135
アジアで最初にオリンピックを開催した国は？

日本だよ。1964年（昭和39年）10月10日に、第18回東京大会が開かれ、355人の日本人選手が参加したんだよ。

A136
第18回東京大会の日本選手団の旗手はだれだったの？

水泳選手の福井誠（1940〜1992年）だったんだよ。1960年ローマ大会（イタリア）で銀メダル、1964年東京大会で銅メダルをかく得したんだ。

A137
日本の国旗を「日の丸」というのはなぜ？

日は太陽のことなんだよ。丸い太陽をかたどっているので、日の丸というんだ。日章旗とも呼ばれるんだよ。

A138
ジェットエンジンを発明したのはだれ？

イギリスの航空技術者ホイットル（1907〜1996年）だよ。1930年に特きょをとったんだ。1941年には、初飛行にも成功したんだよ。

※ドイツの技術者オハインも同じころに研究・開発をしている。

A139
花火はどこの国で発明されたの？

中国で発明された火薬がヨーロッパに伝わり、14世紀ごろにイタリアで観賞用の花火が発明されたといわれているんだよ。

A140
伝書ばとはなぜ遠い所から巣に帰ってこられるの？

方向感覚が良くて、長いきょりを飛ぶことができるからだよ。しかも、自分の巣や生まれた場所にもどる能力（帰巣性）が特に強いので、遠くからでも帰ることができるといわれているんだ。

※1964年東京大会では開会式でハトが解きはなたれた。

写真：朝日新聞社／ユニフォトプレス

Q141

第18回東京大会の開会式はなぜ10月10日だったの？

Q142

特異日ってどんな日なの？

Q143

気象衛星を最初に打ちあげたのはどこの国？

Q144

初めてオリンピックが衛星中けいされたのはいつ？

Q145
パラリンピックという言葉が最初に使われたのはいつ？

Q146

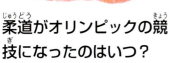
柔道がオリンピックの競技になったのはいつ？

Q147

栄養を全身に配るのは体のどの部分の働きなの？

Q148

世界で初めて発見されたビタミンは何？

A141
第18回東京大会の開会式はなぜ10月10日だったの？
10月のこの日が「日本では晴れる確率が高い、特異日」といわれている日だったからという説があるんだよ。開会式当日も晴れだったんだ。
※1964年開催。

A142
特異日ってどんな日なの？
ある特定の天気が、現れやすい日のことだよ。文化の日は、晴れる日が多いので、「晴れの特異日」といわれているんだ。

A143
気象衛星を最初に打ちあげたのはどこの国？
アメリカ合衆国だよ。1960年に打ちあげられた、「タイロス1号」が最初なんだ。日本では1977年（昭和52年）の「ひまわり」が初の気象衛星なんだよ。

A144
初めてオリンピックが衛星中けいされたのはいつ？
1964年の第18回東京大会で初めて通信衛星を利用して中けいされたんだ。1日8競技を世界の45か国に、同時に伝えることができたんだよ。
※当時は、宇宙中けいと呼んでいた。

A145 パラリンピックという言葉が最初に使われたのはいつ？
1964年だよ。第18回東京大会が開催された後に行われた、国際身体障がい者スポーツ大会の愛称として、パラリンピックという言葉が最初に使われたんだ。

A146
柔道がオリンピックの競技になったのはいつ？
1964年に東京で開催された、第18回大会のときからだよ。この大会で日本は、柔道4階級で3つの金メダルをかく得したんだ。

A147
栄養を全身に配るのは体のどの部分の働きなの？
血管と血液だよ。全身の細ぼうに栄養を運び、代わりに体にいらなくなったものを運びさるんだ。酸素やホルモンなども血液が運んでいるんだよ。

A148
世界で初めて発見されたビタミンは何？
B1だよ。ビタミンは、1910年に化学者の鈴木梅太郎が、1911年にポーランドの化学者のフンクが発見したんだ。ビタミンと名づけたのは、フンクなんだよ。

Q149

体育の日を10月に定めたのはなぜ？

Q150

体育の日は何のためにあるの？

Q151

運動会はいつごろから行われているの？

Q152
日本で造られた最初の記念硬貨は何？

（表）　（裏）

Q153

硬貨はいつごろ発明されたの？

Q154

東京モノレールはいつ開業したの？

Q155
2020年東京大会をのぞくと日本でオリンピックは何回開催されたの？

A149
体育の日を10月に定めたのはなぜ？
1964年（昭和39年）10月10日に、第18回東京大会の開会式が行われたからだよ。体育の日はこれを記念しているんだ。

A150
体育の日は何のためにあるの？
「スポーツにしたしみ、健康な心身をつちかう」ためだよ。1966年（昭和41年）に定められた国民の祝日なんだ。

A151
運動会はいつごろから行われているの？
1874年（明治7年）からだよ。東京・築地の海軍兵学寮で行われた「競闘遊戯会」が最初の運動会といわれているんだよ。

A152
日本で造られた最初の記念硬貨は何？
第18回東京大会の開催を記念した千円硬貨だよ。1964年（昭和39年）に、百円硬貨といっしょに発行されたんだ。

▶百円硬貨

A153
硬貨はいつごろ発明されたの？
確認されている最古のものは、今から約2700年前だよ。リディア王国（現在のトルコ）で発明されたんだ。天然の金と銀の合金を使ったんだよ。

A154
東京モノレールはいつ開業したの？
1964年（昭和39年）9月17日だよ。第18回東京大会の開会式の前月に開業したんだ。東京の羽田空港と浜松町駅を結んだんだよ。

A155
2020年東京大会をのぞくと日本でオリンピックは何回開催されたの？
3回だよ。1964年に第18回大会が東京で、1972年と1998年に冬季大会が札幌（北海道）と長野（長野県）で開催されたんだ。2020年の東京大会で4回目になるんだよ。

※1940年に、東京（夏）、札幌（冬）で開催予定だった大会は、戦争の影響で返上した。

Q156

オリンピックが開かれた年に東海道新幹線が開業したの？

写真：共同通信社／ユニフォトプレス

Q157

最初に走った新幹線の列車名は何？

Q158

新幹線にはなぜ前と後ろに運転席があるの？

Q159

第18回東京大会で新しく加わった競技は何？

Q160

オリンピックの聖火はどうやって海外に行くの？

Q161

この飛行機は何？

Q162

世界最初の旅客機はどこからどこまでを飛んだの？

49

A156
オリンピックが開かれた年に東海道新幹線が開業したの？

そうだよ。東京大会が開かれた1964年（昭和39年）に開業したんだ。10月10日の開会式を目標にして、10月1日に開業したんだよ。

表の写真は10月1日の東海道新幹線の開業を祝した出発式（東京駅）。

A157
最初に走った新幹線の列車名は何？

「こだま」と「ひかり」だよ。1964年（昭和39年）10月1日に、東京〜新大阪間を走った東海道新幹線が、最初の新幹線なんだ。

A158
新幹線にはなぜ前と後ろに運転席があるの？

どちらの方向にも走れるように、両端の車両に運転席がついているんだよ。終点に着いて折りかえすときに便利なんだ。

A159
第18回東京大会で新しく加わった競技は何？

バレーボール（男女）、柔道（男子のみ）が公式競技として、東京大会で新しく加わったんだよ。

※1964年開催。

A160
オリンピックの聖火はどうやって海外に行くの？

消えないように特別な容器に入れて、飛行機や船などで海外に行くんだ。その後、各地をリレーされ聖火台に届くんだよ。

A161
この飛行機は何？

ＹＳ-11という、国産飛行機だよ。1964年（昭和39年）の第18回東京大会では、聖火を輸送したんだ。

※2006年に国内の航空路線の運航を終了。

A162
世界最初の旅客機はどこからどこまでを飛んだの？

1919年2月5日に、ドイツのベルリンからワイマールへ飛んだんだよ。その3日後には、フランスのパリからイギリスのロンドンへ飛ぶ国際便も生まれたんだ。

Q163

第18回東京大会の参加国はいくつ？

Q164

第18回東京大会で日本がかく得した金メダルはいくつ？

Q165

「東洋の魔女」と呼ばれた人たちはだれ？

Q166
「はだしの英雄」ってだれのこと？

写真：ユニフォトプレス

Q167

団体競技では全員がメダルをもらえるの？

Q168

つき指はどうして起きるの？

Q169

つかれるとなぜあまいものが食べたくなるの？

Q170

体育の日はどうして10月の第二月曜日なの？

A163
第18回東京大会の参加国はいくつ？
93の国と地域だよ。1964年（昭和39年）10月10日から24日までの15日間に、5151人の選手が競技に参加したんだ。

A164
第18回東京大会で日本がかく得した金メダルはいくつ？
16だよ。このほか、銀メダルは5、銅メダルは8と、合計29のメダルを日本がかく得したんだ。

A165
「東洋の魔女」と呼ばれた人たちはだれ？
1964年（昭和39年）の第18回東京大会で、金メダルをかく得した日本代表女子バレーボールチームの選手たちの呼び名だよ。

A166
「はだしの英雄」ってだれのこと？
エチオピアのアベベ（1932～1973年）だよ。第17回ローマ大会（1960年、イタリア）でマラソンに出場し、はだしで走りぬいて優勝したんだ。1964年の東京大会では、白いシューズをはいて優勝したんだよ。

A167
団体競技では全員がメダルをもらえるの？
現在では競技に登録された全員が、メダルをもらえるんだよ。でも、テレビなどでかく得メダル数を発表するときは、1と数えるんだ。1964年の東京大会では、体操団体にひとつしかメダルが授与されなかったんだよ。

A168
つき指はどうして起きるの？
指の先を強くぶつけて、指の関節を取りまいている、いろんな部分を痛めるからだよ。つき指は、指の関節のねんざや打ち身、骨折、だっきゅうなどのけがの総称なんだ。ボールを扱うスポーツで多く起こるんだよ。

A169
つかれるとなぜあまいものが食べたくなるの？
エネルギーのもとになるのは、血液の中にある糖分だよ。運動する量が多いと、糖分が減るので、あまいものが食べたくなるんだ。

A170
体育の日はどうして10月の第二月曜日なの？
土、日曜日と合わせて、3連休にするためだよ。もともと第18回東京大会の開会式を記念した10月10日だったけど、2000年（平成12年）から10月の第二月曜日になったんだ。

※2020年の第32回東京大会の年だけ、開会式の7月24日に移動する。名前も「スポーツの日」に変更。

▲ローマ大会で、はだしでゴールするアベベ。

Q171

オリンピックの記念切手が最初に発行されたのはいつ？

切手で見るオリンピックの歴史
どこの都市で開催されたの？

● 第1回大会 〔1896年・ギリシャ発行〕

● 第2回大会

記念切手発行なし

▲ピエール・ド・クーベルタン男爵（1863〜1937年）は、フランスの教育者、近代オリンピックの提唱者。
〔1956年・フランス発行〕

● 第3回大会

記念切手発行なし

▲1904年にセントルイスで開かれた万国博覧会で、セントルイス大会が同時に開催された。
〔1904年・アメリカ合衆国発行〕

● 中間大会 〔1906年・ギリシャ発行〕

● 第4回大会

記念切手発行なし

▲つぼに描かれた、古代のスポーツ競技者。
〔1964年・ギリシャ発行〕

● 第5回大会

記念切手発行なし

▲1912年、ストックホルム大会に日本が初参加。
〔1999年・日本発行〕

● 第6回大会

中止

記念切手発行なし

● 第7回大会 〔1920年・ベルギー発行〕

● 第1回冬季大会

記念切手発行なし

▲クーベルタンとオリンピック・シンボル。
〔1994年・フランス発行〕

● 第8回大会 〔1924年・フランス発行〕

● 第2回冬季大会

記念切手発行なし

▲雪の結晶とオリンピック・シンボル。
〔1948年・スイス発行〕

53

A171

オリンピックの記念切手が最初に発行されたのはいつ？1896年だよ。第1回アテネ大会を記念して、開催国のギリシャから12種類の切手が発行されたんだ。

切手で見るオリンピックの歴史
どこの都市で開催されたの？

〔1896年・ギリシャ発行〕

● 第1回大会
- 開催地：アテネ（ギリシャ）
- 開催年：1896年
- 実施競技数：8競技43種目
- 参加国（地域）数：14
- 参加選手数：241人

● 第2回大会
- 開催地：パリ（フランス）
- 開催年：1900年
- 実施競技数：16競技95種目
- 参加国（地域）数：24
- 参加選手数：997人

● 第3回大会
- 開催地：セントルイス（アメリカ合衆国）
- 開催年：1904年
- 実施競技数：16競技95種目
- 参加国（地域）数：12
- 参加選手数：651人

● 中間大会
- 開催地：アテネ（ギリシャ）
- 開催年：1906年
- 実施競技数：11競技74種目
- 参加国（地域）数：22
- 参加選手数：903人

● 第4回大会
- 開催地：ロンドン（イギリス）
- 開催年：1908年
- 実施競技数：23競技110種目
- 参加国（地域）数：22
- 参加選手数：2008人

● 第5回大会
- 開催地：ストックホルム（スウェーデン）
- 開催年：1912年
- 実施競技数：15競技102種目
- 参加国（地域）数：28
- 参加選手数：2407人

● 第6回大会
（1916年）
ベルリン（ドイツ）
第1次世界大戦のため中止

● 第7回大会
- 開催地：アントワープ（ベルギー）
- 開催年：1920年
- 実施競技数：23競技156種目
- 参加国（地域）数：29
- 参加選手数：2622人

● 第1回冬季大会
- 開催地：シャモニー・モンブラン（フランス）
- 開催年：1924年
- 実施競技数：4競技16種目
- 参加国（地域）数：16
- 参加選手数：258人

● 第8回大会
- 開催地：パリ（フランス）
- 開催年：1924年
- 実施競技数：19競技126種目
- 参加国（地域）数：44
- 参加選手数：3088人

● 第2回冬季大会
- 開催地：サン・モリッツ（スイス）
- 開催年：1928年
- 実施競技数：5競技14種目
- 参加国（地域）数：25
- 参加選手数：464人

※国名は、オリンピック開催時の表記になっています。　※実施競技数・参加国（地域）数・参加選手数はIOC、JOCのサイトなどを参考にしています。

- 第9回大会　〔1928年・オランダ発行〕

- 第3回冬季大会　〔1932年・アメリカ合衆国発行〕

- 第10回大会　〔1932年・アメリカ合衆国発行〕

- 第4回冬季大会　〔1935年・ドイツ発行〕

- 第11回大会　〔1936年・ドイツ発行〕

- 第12回大会　中止　記念切手発行なし
- 第13回大会　中止　記念切手発行なし

- 第5回冬季大会　〔1948年・スイス発行〕

- 第14回大会　〔1948年・イギリス発行〕

- 第6回冬季大会　〔1951年・ノルウェー発行〕

- 第15回大会　〔1951年・フィンランド発行〕

- 第7回冬季大会　〔1956年・イタリア発行〕

- 第16回大会　〔1956年・オーストラリア発行〕

- 第8回冬季大会　〔1960年・アメリカ合衆国発行〕

- 第17回大会　〔1960年・イタリア発行〕

- 第9回冬季大会　〔1963年・オーストリア発行〕

- 第18回大会　〔1964年・日本発行〕

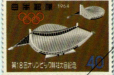

第18回東京大会のポスターを描いた切手。〔2000年・日本発行 20世紀デザイン切手シリーズ第12集〕

- ●第9回大会
  - ■開催地：アムステルダム（オランダ）
  - ■開催年：1928年
  - ■実施競技数：16競技109種目
  - ■参加国（地域）数：46
  - ■参加選手数：2883人

- ●第3回冬季大会
  - ■開催地：レークプラシッド（アメリカ合衆国）
  - ■開催年：1932年
  - ■実施競技数：4競技14種目
  - ■参加国（地域）数：17
  - ■参加選手数：252人

- ●第10回大会
  - ■開催地：ロサンゼルス（アメリカ合衆国）
  - ■開催年：1932年
  - ■実施競技数：16競技117種目
  - ■参加国（地域）数：37
  - ■参加選手数：1334人

- ●第4回冬季大会
  - ■開催地：ガルミッシュ・パルテンキルヘン（ドイツ）
  - ■開催年：1936年
  - ■実施競技数：4競技17種目
  - ■参加国（地域）数：28
  - ■参加選手数：646人

- ●第11回大会
  - ■開催地：ベルリン（ドイツ）
  - ■開催年：1936年
  - ■実施競技数：21競技129種目
  - ■参加国（地域）数：49
  - ■参加選手数：3963人

- ●第12回大会（1940年）
  東京（日本）
  日中戦争のため返上
  ヘルシンキ（フィンランド）
  第2次世界大戦のため中止

- ●第13回大会（1944年）
  ロンドン（イギリス）
  第2次世界大戦のため中止

- ●第5回冬季大会
  - ■開催地：サン・モリッツ（スイス）
  - ■開催年：1948年
  - ■実施競技数：5競技22種目
  - ■参加国（地域）数：28
  - ■参加選手数：669人

- ●第14回大会
  - ■開催地：ロンドン（イギリス）
  - ■開催年：1948年
  - ■実施競技数：19競技136種目
  - ■参加国（地域）数：59
  - ■参加選手数：4104人

- ●第6回冬季大会
  - ■開催地：オスロ（ノルウェー）
  - ■開催年：1952年
  - ■実施競技数：4競技22種目
  - ■参加国（地域）数：30
  - ■参加選手数：694人

- ●第15回大会
  - ■開催地：ヘルシンキ（フィンランド）
  - ■開催年：1952年
  - ■実施競技数：18競技149種目
  - ■参加国（地域）数：69
  - ■参加選手数：4955人

- ●第7回冬季大会
  - ■開催地：コルチナ・ダンペッツオ（イタリア）
  - ■開催年：1956年
  - ■実施競技数：4競技24種目
  - ■参加国（地域）数：32
  - ■参加選手数：821人

- ●第16回大会
  - ■開催地：メルボルン（オーストラリア）ストックホルム（スウェーデン）
  - ■開催年：1956年
  - ■実施競技数：18競技151種目
  - ■参加国（地域）数：67/29 馬術（ストックホルム）
  - ■参加選手数：3314人

- ●第8回冬季大会
  - ■開催地：スコーバレー（アメリカ合衆国）
  - ■開催年：1960年
  - ■実施競技数：4競技27種目
  - ■参加国（地域）数：30
  - ■参加選手数：665人

- ●第17回大会
  - ■開催地：ローマ（イタリア）
  - ■開催年：1960年
  - ■実施競技数：18競技150種目
  - ■参加国（地域）数：83
  - ■参加選手数：5338人

- ●第9回冬季大会
  - ■開催地：インスブルック（オーストリア）
  - ■開催年：1964年
  - ■実施競技数：6競技34種目
  - ■参加国（地域）数：36
  - ■参加選手数：1091人

- ●第18回大会
  - ■開催地：東京（日本）
  - ■開催年：1964年
  - ■実施競技数：20競技163種目
  - ■参加国（地域）数：93
  - ■参加選手数：5151人

第18回東京オリンピック募金切手

◀〔1963年・日本発行〕

◀〔1964年・日本発行〕▶

※国名は、オリンピック開催時の表記になっています。　※実施競技数・参加国（地域）数・参加選手数はIOC、JOCのサイトなどを参考にしています。

- 第10回冬季大会
〔1968年・フランス発行〕

- 第19回大会 〔1967年・メキシコ発行〕

- 第11回冬季大会

〔1971年・日本発行〕

〔1972年・日本発行〕

- 第20回大会

〔1972年・西ドイツ発行〕

- 第12回冬季大会 〔1975年・オーストリア発行〕
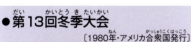

- 第21回大会

〔1975年・カナダ発行〕

- 第13回冬季大会
〔1980年・アメリカ合衆国発行〕

- 第22回大会 〔1978年・ソ連発行〕

〔1980年・ソ連発行〕

- 第14回冬季大会
〔1984年・ユーゴスラビア発行〕

- 第23回大会 〔1983年・アメリカ合衆国発行〕

- 第15回冬季大会

〔1986年・カナダ発行〕

- 第24回大会

〔1986年・韓国発行〕

- 第16回冬季大会

〔1990年・フランス発行〕

- 第25回大会 〔1992年・スペイン発行〕

- 第17回冬季大会
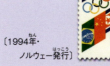
〔1994年・ノルウェー発行〕

- 第26回大会

〔1996年・アメリカ合衆国発行〕

57

- ●第10回冬季大会
  - ■開催地：グルノーブル（フランス）
  - ■開催年：1968年
  - ■実施競技数：6競技35種目
  - ■参加国（地域）数：37
  - ■参加選手数：1158人

- ●第19回大会
  - ■開催地：メキシコシティー（メキシコ）
  - ■開催年：1968年
  - ■実施競技数：19競技172種目
  - ■参加国（地域）数：112
  - ■参加選手数：5516人

- ●第11回冬季大会
  - ■開催地：札幌（日本）
  - ■開催年：1972年
  - ■実施競技数：6競技35種目
  - ■参加国（地域）数：35
  - ■参加選手数：1006人

- ●第20回大会
  - ■開催地：ミュンヘン（西ドイツ）
  - ■開催年：1972年
  - ■実施競技数：21競技195種目
  - ■参加国（地域）数：121
  - ■参加選手数：7134人

- ●第12回冬季大会
  - ■開催地：インスブルック（オーストリア）
  - ■開催年：1976年
  - ■実施競技数：6競技37種目
  - ■参加国（地域）数：37
  - ■参加選手数：1123人

- ●第21回大会
  - ■開催地：モントリオール（カナダ）
  - ■開催年：1976年
  - ■実施競技数：21競技198種目
  - ■参加国（地域）数：92
  - ■参加選手数：6084人

- ●第13回冬季大会
  - ■開催地：レークプラシッド（アメリカ合衆国）
  - ■開催年：1980年
  - ■実施競技数：6競技38種目
  - ■参加国（地域）数：37
  - ■参加選手数：1072人

- ●第22回大会
  - ■開催地：モスクワ（ソ連）
  - ■開催年：1980年
  - ■実施競技数：21競技203種目
  - ■参加国（地域）数：80
  - ■参加選手数：5179人

〔1977年・ソ連発行〕

- ●第14回冬季大会
  - ■開催地：サラエボ（ユーゴスラビア）
  - ■開催年：1984年
  - ■実施競技数：6競技39種目
  - ■参加国（地域）数：49
  - ■参加選手数：1272人

- ●第23回大会
  - ■開催地：ロサンゼルス（アメリカ合衆国）
  - ■開催年：1984年
  - ■実施競技数：21競技221種目
  - ■参加国（地域）数：140
  - ■参加選手数：6829人

- ●第15回冬季大会
  - ■開催地：カルガリー（カナダ）
  - ■開催年：1988年
  - ■実施競技数：6競技46種目
  - ■参加国（地域）数：57
  - ■参加選手数：1423人

- ●第24回大会
  - ■開催地：ソウル（韓国）
  - ■開催年：1988年
  - ■実施競技数：23競技237種目
  - ■参加国（地域）数：159
  - ■参加選手数：8397人

〔1985年・韓国発行〕

- ●第16回冬季大会
  - ■開催地：アルベールビル（フランス）
  - ■開催年：1992年
  - ■実施競技数：6競技57種目
  - ■参加国（地域）数：64
  - ■参加選手数：1801人

- ●第25回大会
  - ■開催地：バルセロナ（スペイン）
  - ■開催年：1992年
  - ■実施競技数：25競技257種目
  - ■参加国（地域）数：169
  - ■参加選手数：9356人

- ●第17回冬季大会
  - ■開催地：リレハンメル（ノルウェー）
  - ■開催年：1994年
  - ■実施競技数：6競技61種目
  - ■参加国（地域）数：67
  - ■参加選手数：1737人

- ●第26回大会
  - ■開催地：アトランタ（アメリカ合衆国）
  - ■開催年：1996年
  - ■実施競技数：26競技271種目
  - ■参加国（地域）数：197
  - ■参加選手数：10318人

※国名は、オリンピック開催時の表記になっています。　※実施競技数・参加国（地域）数・参加選手数はIOC、JOCのサイトなどを参考にしています。

- 第18回冬季大会
〔1998年・日本発行〕

- 第27回大会
〔2000年・オーストラリア発行〕

- 第19回冬季大会
〔2002年・アメリカ合衆国発行〕

- 第28回大会
〔2000年・ギリシャ発行〕　〔2004年・ギリシャ発行〕

- 第20回冬季大会
〔2006年・イタリア発行〕

- 第29回大会 〔2007年・中国発行〕

- 第21回冬季大会
〔2010年・カナダ発行〕

- 第30回大会
〔2009年・イギリス発行〕　〔2011年・イギリス発行〕

- 第22回冬季大会
〔2013年・ロシア発行〕

- 第31回大会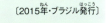
〔2015年・ブラジル発行〕

- 第23回冬季大会
〔2018年・韓国発行〕

- ●第18回冬季大会
  - ■開催地：長野(日本)
  - ■開催年：1998年
  - ■実施競技数：7競技68種目
  - ■参加国(地域)数：72
  - ■参加選手数：2176人

- ●第27回大会
  - ■開催地：シドニー(オーストラリア)
  - ■開催年：2000年
  - ■実施競技数：28競技300種目
  - ■参加国(地域)数：199
  - ■参加選手数：10651人

- ●第19回冬季大会
  - ■開催地：ソルトレークシティ(アメリカ合衆国)
  - ■開催年：2002年
  - ■実施競技数：7競技80種目
  - ■参加国(地域)数：77
  - ■参加選手数：2399人

- ●第28回大会
  - ■開催地：アテネ(ギリシャ)
  - ■開催年：2004年
  - ■実施競技数：28競技301種目
  - ■参加国(地域)数：201
  - ■参加選手数：10625人

〔2004年・ギリシャ発行〕

- ●第20回冬季大会
  - ■開催地：トリノ(イタリア)
  - ■開催年：2006年
  - ■実施競技数：7競技84種目
  - ■参加国(地域)数：80
  - ■参加選手数：2508人

〔2006年・イタリア発行〕

- ●第29回大会
  - ■開催地：北京(中国)
  - ■開催年：2008年
  - ■実施競技数：28競技302種目
  - ■参加国(地域)数：204
  - ■参加選手数：10942人

〔2007年・中国発行〕

第29回北京オリンピック大会会場

- ●第21回冬季大会
  - ■開催地：バンクーバー(カナダ)
  - ■開催年：2010年
  - ■実施競技数：7競技86種目
  - ■参加国(地域)数：82
  - ■参加選手数：2566人

- ●第30回大会
  - ■開催地：ロンドン(イギリス)
  - ■開催年：2012年
  - ■実施競技数：26競技302種目
  - ■参加国(地域)数：204
  - ■参加選手数：10568人

〔2009年・イギリス発行〕

- ●第22回冬季大会
  - ■開催地：ソチ(ロシア)
  - ■開催年：2014年
  - ■実施競技数：7競技98種目
  - ■参加国(地域)数：88
  - ■参加選手数：2780人

- ●第31回大会
  - ■開催地：リオデジャネイロ(ブラジル)
  - ■開催年：2016年
  - ■実施競技数：28競技306種目
  - ■参加国(地域)数：207
  - ■参加選手数：11238人

〔2015年・ブラジル発行〕

- ●第23回冬季大会
  - ■開催地：平昌(韓国)
  - ■開催年：2018年
  - ■実施競技数：7競技102種目
  - ■参加国(地域)数：92
  - ■参加選手数：2833人

※国名は、オリンピック開催時の表記になっています。　※実施競技数・参加国(地域)数・参加選手数はIOC、JOCのサイトなどを参考にしています。

Q172
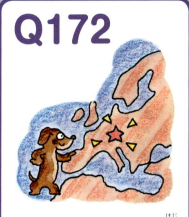
オリンピックにマスコットが初めて公式に登場したのはいつ？

Q173

「マスコット」はもともとどこの国の言葉なの？

Q174

モスクワ大会のマスコットの名前は何？

Q175
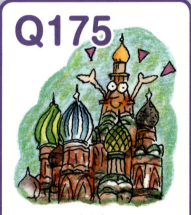
ロシアの首都はどこ？

Q176

バルセロナ大会のマスコットの名前は何？

Q177
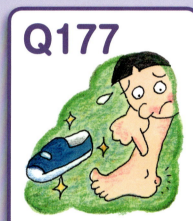
手や足などにできるまめの中身は何？

Q178

バドミントンの始まりはいつ？

Q179

アトランタ大会のマスコットの名前は何？

Q180

近代オリンピック100周年の大会が開かれたのはどこの国？

A172
オリンピックにマスコットが初めて公式に登場したのはいつ？
1972年に行われた、第20回ミュンヘン大会（西ドイツ＝今のドイツ）だよ。ダックスフントの「ヴァルディ」が、公式マスコットとして初めて登場したんだ。
※1968年の第10回グルノーブル冬季オリンピック（フランス）では、非公式だがなぞのスキーヤー「シュス」が、マスコットとして登場した。

A173
「マスコット」はもともとどこの国の言葉なの？
フランスだよ。魔女という意味のmascoが、幸福を運ぶ動物や人、ものという意味のmascotoになり、mascotteになったんだ。英語ではmascotだよ。

A174
モスクワ大会のマスコットの名前は何？
「ミーシャ」だよ。ヒグマの子どもなんだ。モスクワ大会は、1980年にソ連（今のロシア）で開催されたんだ。
※表はオリンピック年・年賀切手（ソ連発行）。

A175
ロシアの首都はどこ？
モスクワだよ。ロシア（ロシア連邦）は世界一広い国で、面積が日本の約45倍もあるんだ。

A176
バルセロナ大会のマスコットの名前は何？
「コビー」だよ。ピレネー山脈の犬をデザイン化したんだ。バルセロナ大会は、1992年にスペインで開催されたんだよ。
※表は第25回バルセロナ大会記念切手（スペイン発行）。

A177
手や足などにできるまめの中身は何？
リンパ液などの水分だよ。手や足の皮ふが、くりかえし強くこすられたときなどにできるんだ。血液が混じると、血まめと呼ぶんだよ。

A178
バドミントンの始まりはいつ？
1820年ごろといわれているんだよ。インドで行われていた遊びからなんだ。イギリスの軍人が、1890年に本国の人たちに紹介したといわれているんだよ。
※1873年ごろ、イギリス説もある。

A179
アトランタ大会のマスコットの名前は何？
「イジー」だよ。聖火の光が届く空想の世界にすむ子どもなんだ。子どもたちからぼ集して、「イジー」と名づけられたんだよ。
※1996年アメリカ合衆国で開催。

A180
近代オリンピック100周年の大会が開かれたのはどこの国？
アメリカ合衆国だよ。第26回夏季大会（1996年、アトランタ）が100周年記念大会だったんだ。マーガレット・ミッチェルの『風と共に去りぬ』の舞台となった都市だよ。

Q181

第27回シドニー大会で新しく加わった競技は何？

Q182

第28回アテネ大会で初めて登場した種目は何？

Q183

第28回アテネ大会のマスコットの名前は何？

Q184

オリンピックの日本選手で金メダルの最多かく得者はだれ？

Q185

新体操はいつからオリンピックの種目になったの？

Q186

海外旅行にパスポートが必要なのはなぜ？

Q187 「鳥の巣」と呼ばれるスタジアムは何？

写真：ping han / stock.foto

Q188

日本で国際電話が初めて通じた国はどこなの？

A181
第27回シドニー大会で新しく加わった競技は何？

韓国の武道・テコンドーと、水泳とマラソンと自転車レースを組みあわせたスポーツのトライアスロンの２競技が公式競技として新しく加わったんだ。
※2000年、オーストラリアで開催。

A182
第28回アテネ大会で初めて登場した種目は何？

レスリング女子フリースタイル48kg級・55kg級・63kg級・72kg級、セーリング男子スター級・女子イングリング級、フェンシング女子サーブル個人、射げき・ライフル射げき女子フリーピストル個人25mなんだ。
※2004年、ギリシャで開催。

A183
第28回アテネ大会のマスコットの名前は何？

「アテナ」と「フィボス」だよ。ギリシャの昔の人形をヒントにした、子どもの姉弟だよ。ギリシャ神話に出てくる名前をつけたんだ。

A184
オリンピックの日本選手で金メダルの最多かく得者はだれ？

体操選手の加藤澤男（1946年〜）だよ。メキシコシティー大会（1968年、メキシコ）、ミュンヘン大会（1972年、西ドイツ＝今のドイツ）、モントリオール大会（1976年、カナダ）で、合計8個の金メダルをかく得したんだ。
※2018年7月現在。

A185
新体操はいつからオリンピックの種目になったの？

ロサンゼルス大会（1984年、アメリカ合衆国）からだよ。女子の個人競技が正式種目になったんだ。日本人では、山﨑浩子（1960年〜）が8位に入賞したんだよ。

A186
海外旅行にパスポートが必要なのはなぜ？

パスポートは旅行者の身分を、国が証明する大切な書類なんだ。旅行先の警察や、自分の国の大使館などに保護をたのむときなどに必要なんだよ。

A187 「鳥の巣」と呼ばれるスタジアムは何？

中国の北京にある、2008年の第29回北京大会のメインスタジアムだったところだよ。正式名は北京国家体育場だけど、外観からそう呼ばれているんだよ。

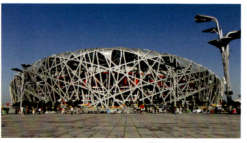

写真：ping han / stock.foto

A188
日本で国際電話が初めて通じた国はどこなの？

フィリピンだよ。日本の国際電話は、1934年（昭和9年）に開始されたんだ。フィリピンとは、無線での通話だったんだよ。

Q189

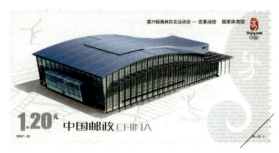

2008年大会が開かれた国はどこ？

Q190

北京大会の会場は北京市内だけだったの？

Q191

北京大会の開会式はいつだったの？

Q192

世界でいちばん人口が多い国はどこ？

Q193

子どもの体はなぜやわらかいの？

Q194

北京大会のマスコットの名前は何？

A189
2008年大会が開かれた国はどこ？
中国だよ。首都の北京で開かれたんだ。第29回オリンピック大会のことを中国語では、第29届奥林匹克运动会などと表したんだよ。

※表は2008年北京大会記念切手（中国発行）。

A190
北京大会の会場は北京市内だけだったの？
ちがうよ。2008年の大会は、北京市内や近郊だけではなく、馬術は香港、セーリングは青島で開かれたんだ。2022年の北京冬季大会は、スケートなど氷上競技を北京市内で、スキーは河北省の張家口市で開催される予定なんだよ。

A191
北京大会の開会式はいつだったの？
2008年の8月8日午後8時（日本時間午後9時）8分だったんだよ。中国では8という数字が、えん起がいいとされているからなんだ。

A192
世界でいちばん人口が多い国はどこ？
中国（中華人民共和国）だよ。約13億7600万人の人びとが住んでいるんだ。世界の人口の約18％にあたるんだよ。

※外務省・2018年。

A193
子どもの体はなぜやわらかいの？
子どもの体は、背骨や関節のじん帯やなん骨がやわらかくて、動きやすいからなんだ。年齢とともに関節やじん帯はかたくなるんだよ。

A194
北京大会のマスコットの名前は何？

貝貝（ベイベイ）　晶晶（ジンジン）　歓歓（ファンファン）　迎迎（インイン）　妮妮（ニーニー）

幸せをもたらす赤ちゃん「福娃（フーワー）」だよ。それぞれの名前は、魚の貝貝（ベイベイ）、パンダの晶晶（ジンジン）、オリンピックの聖火は歓歓（ファンファン）、チベットカモシカの迎迎（インイン）、ツバメの妮妮（ニーニー）なんだ。5人の名前を並べると、「Bei Jing Huan Ying Ni（ようこそ北京へ）」になるんだよ。マスコットの色は、オリンピック・シンボルの5つの輪の色になっているんだ。

※2008年、中国で開催。

Q195

2012年のオリンピックはどこで開かれたの？

Q196

第30回ロンドン大会のマスコットの名前は何？

Q197

イギリスとフランスを結ぶ特急列車の名前は？

Q198
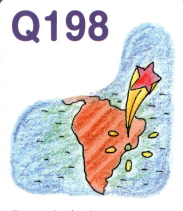
第31回大会はどこで開催されたの？

Q199

日本が一番メダルをかく得した大会は？

Q200

骨の数はおとなも子どもも同じなの？

Q201

リオデジャネイロ大会のマスコットの名前は何？

Q202

オリンピックのラグビーは1チーム何人制？

A195
2012年のオリンピックはどこで開かれたの？
イギリスのロンドンだよ。第30回オリンピック大会が開かれたんだ。ロンドンではそれまでに1908年と1948年の2回、オリンピックが開かれたんだよ。

※1944年に予定されていた第13回ロンドン大会は、第二次世界大戦のため中止。

A196
第30回ロンドン大会のマスコットの名前は何？
「ウェンロック」だよ。オリンピック会場の鉄骨から生まれたというマスコットなんだ。大きな一つ目をして、頭にライトがついているんだよ。パラリンピックのマスコットは「マンデビル」なんだ。

※2012年、イギリスで開催。

A197
イギリスとフランスを結ぶ特急列車の名前は？
ユーロスターだよ。イギリスとヨーロッパ大陸の間の海底トンネルを利用して、ロンドン（イギリス）～パリ（フランス）間を2時間20分ほどで結んでいるんだ。

※ロンドン～ブリュッセル・アムステルダムにも乗り入れている。

A198
第31回大会はどこで開催されたの？
ブラジルのリオデジャネイロだよ。2016年に開催されたんだ。南アメリカでオリンピックが開催されたのは初めてだったんだよ。

A199
日本が一番メダルをかく得した大会は？
第31回リオデジャネイロ大会（2016年、ブラジル）だよ。金メダル12、銀メダル8、銅メダル21の合計41のメダルをかく得したんだ。

※2018年7月現在。

A200
骨の数はおとなも子どもも同じなの？
ちがうよ。赤ちゃんの骨は300以上なんだ。成長するとくっついてしまう骨があるんだよ。おとなになると、200くらいになってしまうんだ。

A201
リオデジャネイロ大会のマスコットの名前は何？
ネコ科の動物、「ヴィニシウス」と親友の「トム」だよ。「トム」はパラリンピックのマスコットなんだ。

※2016年、ブラジルで開催。表は2016年リオデジャネイロ大会記念切手（ブラジル発行）。

A202
オリンピックのラグビーは1チーム何人制？
7人制だよ。1900年のパリ大会（フランス）から1924年のパリ大会（フランス）までは15人制で行われていたけど、1924年を最後に行われなくなったんだ。2016年のリオデジャネイロ大会（ブラジル）のときに7人制で復活したんだよ。

Q203

オリンピックの開催期間の最長記録は？

Q204

オリンピック選手村はいつからできたの？

Q205
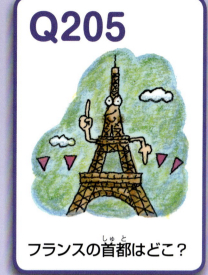
フランスの首都はどこ？

Q206

痛いと脳に感じる速さは時速何kmくらい？

Q207
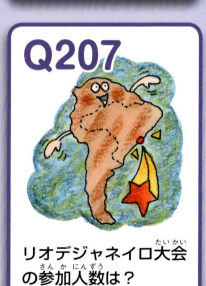
リオデジャネイロ大会の参加人数は？

Q208

国民体育大会ってどんな行事なの？

Q209
運動好きで得意な人のことを英語でスポーツマンというの？

Q210

マラソンの競技中に他人に助けてもらったらどうなるの？

A203
オリンピックの開催期間の最長記録は？
6か月と4日間だよ。第4回ロンドン大会（1908年、イギリス）の期間なんだ。1985年からは、開会日もふくめて16日間以内と定められたんだよ。

A204
オリンピック選手村はいつからできたの？
第8回パリ大会（1924年、フランス）からだよ。選手村は、オリンピックに参加する選手や役員のための宿泊施設を集めた区域なんだ。4人収容のコテージが用意されたんだよ。

A205
フランスの首都はどこ？
パリだよ。エッフェル塔や凱旋門、ルーブル美術館などの観光名所が有名で、新しいファッションや文化の中心ともいわれているよ。

A206
痛いと脳に感じる速さは時速何kmくらい？
いろいろな説があるけど、時速300kmくらいといわれているんだよ。あみの目のように、全身に神経が張りめぐらされていて、痛みなどの感覚は、神経から脳へすばやく伝えられるんだよ。

A207
リオデジャネイロ大会の参加人数は？
約11000人だよ。リオデジャネイロ大会（ブラジル）は、207の国と地域の選手と、独立参加選手団、難民選手団を加えて、2016年8月5日から21日まで、28競技306種目を競ったんだ。

A208
国民体育大会ってどんな行事なの？
日本で一番大きなスポーツの競技大会だよ。略して「国体」といい、都道府県に分かれて競うんだ。毎年開催地を替えて、秋と冬に行われるんだよ。

A209
運動好きで得意な人のことを英語でスポーツマンというの？
日本ではそのような意味で使うけど、日本でいうスポーツマンに近い英語は、athleteだよ。英語のsportsmanは、乗馬や狩りなどが好きな人という意味合いがあるんだ。

A210
マラソンの競技中に他人に助けてもらったらどうなるの？
失格だよ。第4回ロンドン大会（1908年、イギリス）で、マラソンの選手がゴール前で役員の助けを借りたため、優勝をとりけされたんだ。

Q211

走るとおなかの横が痛くなるのはなぜ？

Q212

足の速い人を「いだてん」というのはなぜ？

Q213

男子110mハードルのハードルの高さは何m？

Q214
夫婦で最初に金メダルをとった人たちは？

Q215
オリンピックでバスケットボールは男子だけなの？

Q216

バスケットボールのあみはなぜ穴があるの？

Q217

バドミントンはオリンピック競技にあるの？

Q218

バドミントンとどうして名づけられたの？

A211
走るとおなかの横が痛くなるのはなぜ？

おなかの横の筋肉がけいれんしたり、腸や胃がゆれて、腹まくという所がしげきされるから痛くなるんだよ。

A212
足の速い人を「いだてん」というのはなぜ？

いだてん（韋駄天）は、神様の名前だよ。足が速く、にげるおにを追いかけたという伝説があるんだ。そこから足の速い人を、「いだてん」というようになったんだよ。

A213
男子110mハードルのハードルの高さは何m？

1.067mだよ。スタートから13.72mで最初のハードルがあり、次からは9.14m間かくで置かれているんだ。
※きょりや男女で高さがちがう。

A214
夫婦で最初に金メダルをとった人たちは？

チェコスロバキアの陸上選手のザトペック夫妻だよ。第15回ヘルシンキ大会（1952年、フィンランド）で、夫のエミールは5000m、10000m、マラソンで、妻のダナはやり投げで、夫婦あわせて4個の金メダルをかく得したんだ。

A215
オリンピックでバスケットボールは男子だけなの？

ちがうよ。モントリオール大会（1976年、カナダ）から、女子も正式種目になっているんだよ。男子はセントルイス大会（1904年、アメリカ合衆国）で公開競技が行われ、ベルリン大会（1936年、ドイツ）から正式種目になったんだ。

A216
バスケットボールのあみはなぜ穴があるの？

バスケットは、英語でかごのことだよ。初めはモモを入れるかごを使ったんだ。毎回、ボールを取りだすのが大変なので穴を開けたんだよ。

A217
バドミントンはオリンピック競技にあるの？

あるんだよ。1992年にスペインで開催された、第25回バルセロナ大会から正式競技になったんだ。

A218
バドミントンとどうして名づけられたの？

イギリスのバドミントン村という地名からだよ。村にある貴族のやしきで、19世紀に盛んに行われていた球技だったんだ。

Q219

バドミントンで使われる羽根を何というの？

Q220
オリンピックで日本生まれの競技や種目はあるの？

Q221

体の中で一番速く動く筋肉はどこなの？

Q222

目はどうやってピントを合わせているの？

Q223

人間の目は上と下とどっちが広く見えるの？

Q224

ドッジボールのドッジってどんな意味なの？

Q225

骨と骨はどうやってつながっているの？

Q226

体操着のブルーマーはどこの国の発明？

A219
バドミントンで使われる羽根を何というの？

シャトルだよ。シャトルは、行ったり来たりして横糸を通す機織りの道具のことなんだ。羽根が行ったり来たりするので、そう名づけられたといわれているんだよ。

A220
オリンピックで日本生まれの競技や種目はあるの？

あるんだよ。競技は柔道、種目は競輪なんだ。柔道は1964年第18回東京大会から、競輪（ケイリン）は「KEIRIN」と表され、シドニー大会（2000年、オーストラリア）から自転車競技の種目として採用されているんだよ。2020年第32回東京大会では、空手が新競技に加わるんだ。

A221
体の中で一番速く動く筋肉はどこなの？

まぶたの筋肉だよ。1秒間に約5回動くんだ。まぶたを動かすことを、まばたきといって、なみだで常に目の表面をうるおす働きをしているんだよ。

A222
目はどうやってピントを合わせているの？

目の中には、水しょう体と呼ばれるレンズのようなものがあるんだ。これが厚くなったり、うすくなったりしてピントを合わせているんだよ。

A223
人間の目は上と下とどっちが広く見えるの？

下だよ。一点を見つめて見えるはん囲を、視野というんだ。人間の視野は上が約60°、下は約70°なんだよ。

A224
ドッジボールのドッジってどんな意味なの？

ドッジは英語でdodgeと書いて、素早く身をかわしてよけるという意味なんだ。ドッジボールはどこの国で始まったのかは、よく分かっていないんだよ。

※イギリスやアメリカ合衆国が起源という説もある。

A225
骨と骨はどうやってつながっているの？

じん帯という組織で結ばれていたり、骨と骨がかみあわさったり、なん骨というやわらかい骨でつながったりと、骨の役目によっていろいろなつながり方をしているんだよ。

A226
体操着のブルーマーはどこの国の発明？

アメリカ合衆国だよ。ブルーマーは、1848年にエリザベス・スミス・ミラーが女性用のズボンとして考えたんだ。それを広めたのが、ブルーマー夫人なんだよ。

※ブルマとかブルマーとも呼ぶ。ブルーマー夫人が考案したという説もある。

Q227
オリンピックの競技にゴルフがあるの？

Q228

「アルバトロス」って何？

Q229

ゴルフボールにくぼみがあるのはなぜ？

Q230

V（ブイ）サインのVは何を表しているの？

Q231

トロフィーはもともと何のためのものだったの？

Q232

ラジオ体操はいつごろから始まったの？

Q233

ラジオ体操に第3はあるの？

Q234

人間が両目で見えるはん囲は何度くらいなの？

A227 オリンピックの競技にゴルフがあるの？

あるんだよ。パリ大会（1900年、フランス）と、セントルイス大会（1904年、アメリカ合衆国）で行われた競技だったんだよ。リオデジャネイロ大会（2016年、ブラジル）で、112年ぶりに復活したんだ。

A228 「アルバトロス」って何？

アホウドリの英語名だよ。ゴルフ競技では、基準の打数よりも3打少なくホールを終えたときのことをアルバトロスというんだ。

A229 ゴルフボールにくぼみがあるのはなぜ？

ゴルフボールを、高く遠くに飛ばすためだよ。ボールのくぼみが空気の影響を受け、うく力や、飛きょりをのばすんだ。くぼみはディンプルというんだよ。

A230 V（ブイ）サインのVは何を表しているの？

英語で勝利を意味する、victoryの頭文字なんだ。でも、国によってはちがう意味にとられることもあるので、気をつけて使おうね。

※起源には、いろいろな説がある。

A231 トロフィーはもともと何のためのものだったの？

トロフィーは、もともと古代ギリシャやローマ時代の、戦いの勝利の記念品などのことだよ。そこから、勝利者におくるもののことになったんだ。

A232 ラジオ体操はいつごろから始まったの？

1928年（昭和3年）11月1日からだよ。初めは東京だけの放送だったんだ。全国で放送されるようになったのは、翌年からだよ。

A233 ラジオ体操に第3はあるの？

あったんだよ。1946年（昭和21年）から1年半ほど放送されたんだ。「まぼろしのラジオ体操第3」と呼ばれているんだよ。

A234 人間が両目で見えるはん囲は何度くらいなの？

一点を見つめて、見えるはん囲のことを視野というんだ。人間の視野は、約200°なんだよ。

76

Q235
オリンピックに女子ラグビーが採用されたのはいつ？

Q236

ラグビーはどうして生まれたの？

Q237

まっすぐ突きすすむことを「猪突」となぜいうの？

Q238

けがをしてもなぜ血が止まるの？

Q239

傷口にかさぶたができるのはなぜ？

Q240

日本に初めて野球が伝わったのはいつごろなの？

Q241

ベースボールを「野球」と訳した人はだれ？

Q242

日本にプロ野球チームが誕生したのはいつ？

A235 オリンピックに女子ラグビーが採用されたのはいつ？

2016年だよ。リオデジャネイロ大会（ブラジル）で、女子も7人制のラグビーが正式採用されたんだ。日本は、7人制ラグビー日本代表チーム「サクラセブンズ（愛称）」が参加したんだよ。

A236 ラグビーはどうして生まれたの？

1823年に、イギリスのラグビー校で行われたフットボールの試合で、ある少年が腕にボールをかかえて走りだしたことから生まれたといわれているんだよ。

A237 まっすぐ突きすすむことを「猪突」となぜいうの？

猪はイノシシの漢字だよ。イノシシは、興奮すると、スピードをだしてまっすぐに走ることから、そういう言葉ができたんだ。

※猪突猛進という言葉もある。

A238 けがをしてもなぜ血が止まるの？

血液の中にある血小板という小さな細ぼうが、血液の中のたん白質に働きかけて、傷口をふさいで、出血を止めてしまうからだよ。

A239 傷口にかさぶたができるのはなぜ？

かさぶたは、傷口からしみ出た血液や分ぴつ液が、血小板の働きでかたまったものなんだ。血小板は空気にふれるとかたまって、出血やばいきんのしん入を防ぐんだよ。

A240 日本に初めて野球が伝わったのはいつごろなの？

1872年（明治5年）だよ。東京の開成学校（今の東京大学）のアメリカ人教師ウィルソンが初めて、日本に野球を伝えたんだよ。

A241 ベースボールを「野球」と訳した人はだれ？

教育者、野球選手の中馬庚（1870～1932年）だよ。1894年（明治27年）に、英語のベースボールを「野球」と最初に訳したんだ。野球に貢献したとして、1970年（昭和45年）に野球殿堂入りを果たしたんだよ。

A242 日本にプロ野球チームが誕生したのはいつ？

1920年（大正9年）だよ。でも9年後には解散してしまったんだ。1934年（昭和9年）に新たにできたチームが、今のプロ野球のもとになったんだよ。

Q243

野球がオリンピックの正式種目になったのはいつ？

Q244

国民栄誉賞を初めて受賞した人はだれ？

Q245

「蹴球」と呼ばれたスポーツは何？

Q246

「サッカー」って英語なの？

Q247
サッカー女子日本代表の愛称は何？

Q248

ゲートボールはどこの国で考えられたの？

Q249

野球のホームベースはなぜ五角形なの？

Q250

野球のスコアボードの「×」って何の記号？

A243
野球がオリンピックの正式種目になったのはいつ？

1992年なんだ。バルセロナ大会（スペイン）から、2008年の北京大会（中国）まで実施されたんだよ。2020年の東京大会で復活するんだ。

※それ以前は公開競技だった。

A244
国民栄誉賞を初めて受賞した人はだれ？

プロ野球の王貞治選手（1940年～）だよ。1977年（昭和52年）9月3日に756号のホームラン世界新記録（当時）を達成し、5日に国民栄誉賞を受賞したんだ。

※通算868本を打った。

A245
「蹴球」と呼ばれたスポーツは何？

サッカーだよ。日本で初めてサッカーが行われたのは、1873年（明治6年）。当時は、蹴球（ボールを蹴る）などと呼んでいたんだよ。

A246
「サッカー」って英語なの？

そうだよ。でも正式にはassociation football なんだ。これを短くして、さらに語尾を整えてsoccerとしたんだよ。イギリスでは、footballと呼ぶんだ。

A247
サッカー女子日本代表の愛称は何？

「なでしこジャパン」だよ。サッカー女子日本代表が初めてオリンピックに出場したのは、アトランタ大会（1996年、アメリカ合衆国）なんだ。2011年の女子ワールドカップで優勝し、ロンドンオリンピック（2012年、イギリス）では銀メダルをかく得したんだよ。

※「なでしこジャパン」の名称は2004年に決まった。

A248
ゲートボールはどこの国で考えられたの？

日本だよ。1947年（昭和22年）に、北海道にいた鈴木栄治が、子ども向けのスポーツとして考えだしたんだ。クロッケーという球技をヒントにしたんだよ。

A249
野球のホームベースはなぜ五角形なの？

もともとは、四角形だったんだよ。しん判が、ボールやストライクの判定がしにくかったので、1900年に今の形にしたんだ。

A250
野球のスコアボードの「×」って何の記号？

3対5のように、最後の回の裏にこうげきしなくても、チームの勝利が決まっている場合につける記号だよ。「アルファ」と読むんだ。

Q251
国際フェアプレー賞を受賞した日本のオリンピックチームは何？

Q252

ソフトボールはもともと室内で行う競技だったの？

Q253

なん式野球はどこの国で生まれたの？

Q254

なん式野球をしている国は日本だけ？

Q255

ボウリングはいつからあるゲームなの？

Q256

ボウリングのピンの重さは何kg？

Q257

ボウリングはオリンピック競技にあるの？

Q258

ボウリングはいつから日本で行われているゲームなの？

A251 国際フェアプレー賞を受賞した日本のオリンピックチームは何？

メキシコシティー大会（1968年、メキシコ）のサッカーチームと、シドニー大会（2000年、オーストラリア）のソフトボールチーム（しょうれい賞）だよ。国際フェアプレー賞がユネスコからおくられたんだ。

※正式名称は「ピエール・ド・クーベルタン・フェアプレー・トロフィ」。

A252 ソフトボールはもともと室内で行う競技だったの？

そうだよ。アメリカ合衆国で考えだされて、最初は室内で行われていたんだ。インドア・ベースボール（室内野球）と呼ばれたんだよ。

A253 なん式野球はどこの国で生まれたの？

日本だよ。昔、日本では革製のこう式ボールが手に入りにくかったので、1918年（大正7年）にゴムでできたなん式ボールが考えだされ、なん式野球が生まれたんだ。

A254 なん式野球をしている国は日本だけ？

ちがうよ。なん式野球は日本で生まれたスポーツだけど、今では世界に広まっているんだよ。国際大会も行われ、日本チームも海外に遠征しているんだ。

A255 ボウリングはいつからあるゲームなの？

今から7000年以上前といわれているよ。古代エジプトで行われていたらしいんだ。当時のお墓から、ボールやピンが発見されているんだよ。

A256 ボウリングのピンの重さは何kg？

1.531〜1.645kgだよ。全日本ボウリング協会の公式ルールでそう決められているんだ。ピンは、カエデの木で作られているんだよ。

A257 ボウリングはオリンピック競技にあるの？

ないんだよ。1988年に韓国のソウルで開催された第24回大会では、正式競技ではなく公開競技だったんだ。

A258 ボウリングはいつから日本で行われているゲームなの？

1861年6月22日、江戸時代の終わりごろだよ。長崎の出島に、ボウリングの施設ができたんだ。この日をボウリングの日としているんだよ。

Q259

平昌大会で新しく採用された種目は何？

Q260

力を入れると血管がうきでてくるのはなぜ？

Q261

筋肉をきたえるとはどういうことなの？

Q262

呼吸はどうやって行われているの？

Q263

トランポリンは何をヒントに考案されたの？

Q264

トランポリンはオリンピックに採用されているの？

Q265

肺活量を調べるのはどうしてなの？

Q266
オリンピック選手がターザンの映画に出たって本当？

A259
平昌大会で新しく採用された種目は何？
複数の選手が同時にスタートして1周400mを16周するスピードスケートの男女マススタートと、アルペンスキーの混合団体、スノーボードのビッグエア、カーリング混合ダブルスだったんだよ。
※2018年、韓国で開催。表は2018年平昌大会記念切手（韓国発行）。

A260
力を入れると血管がうきでてくるのはなぜ？
力を入れることは、筋肉を縮めることなんだ。筋肉が縮むと血管は皮ふのほうへおしだされ、うきでたようになるんだよ。

A261
筋肉をきたえるとはどういうことなの？
運動などで筋肉を太くすることだよ。筋肉は主に骨についていて、運動をする働きがあるんだ。栄養をとって、正しい運動をすれば、きたえられるんだよ。

A262
呼吸はどうやって行われているの？
横かくまくという、胸と腹の間の筋肉や、ろっ骨の間の筋肉がポンプのような働きをしているんだよ。この働きで、鼻や口から肺に空気が出入り（呼吸）するんだ。

A263
トランポリンは何をヒントに考案されたの？
サーカスの空中ブランコの下に張る、安全ネットだよ。1936年ごろに、アメリカ合衆国の体操選手だったニッセン（1914〜2010年）が考案したんだ。

A264
トランポリンはオリンピックに採用されているの？
シドニー大会（2000年、オーストラリア）から、正式種目に採用されているんだよ。リオデジャネイロ大会（2016年、ブラジル）では、棟朝銀河と伊藤正樹が入賞したんだ。

A265
肺活量を調べるのはどうしてなの？
肺活量が、肺の発育や機能を知る目安になるからだよ。肺活量は肺に思い切り吸いこんだ空気を、はきだしたときの空気の量なんだ。

A266
オリンピック選手がターザンの映画に出たって本当？
本当だよ。アメリカ合衆国の水泳選手ジョニー・ワイズミューラー（1904〜1984年）だよ。パリ大会（1924年、フランス）とアムステルダム大会（1928年、オランダ）の金メダリストなんだ。引退後、俳優になり、ターザン役で世界的な大スターになったんだよ。

Q267

オリンピックの水泳競技にプールを使うようになったのはいつから？

Q268
「フジヤマのトビウオ」と呼ばれた水泳選手はだれ？

Q269

水泳のメドレーで泳ぐ種目の順序は決まっているの？

Q270

水着はいつごろ発明されたの？

Q271

水泳の飛びこみ競技の飛びこみ台の高さは何m？

Q272

強く体をぶつけるとあざになるのはなぜ？

Q273

運動選手の心臓はふつうの人より大きいの？

Q274

心臓の大きさはどのくらいなの？

A267
オリンピックの水泳競技にプールを使うようになったのはいつから？
第4回ロンドン大会（1908年、イギリス）からだよ。でも、次の第5回ストックホルム大会（1912年、スウェーデン）では、海に造られたプールだったんだ。

A268 「フジヤマのトビウオ」と呼ばれた水泳選手はだれ？
日本オリンピック委員会会長だった、古橋廣之進（1928～2009年）だよ。1949年のアメリカ合衆国の大会（全米水泳選手権）で、1500m、800m、400mの自由形で世界記録を出したんだ。
※第15回ヘルシンキ大会（1952年、フィンランド）では選手団の主将を務めた。

A269
水泳のメドレーで泳ぐ種目の順序は決まっているの？
決まっているよ。個人メドレーは、バタフライ→背泳ぎ→平泳ぎ→自由形の順。メドレーリレーは背泳ぎ→平泳ぎ→バタフライ→自由形の順なんだ。

A270
水着はいつごろ発明されたの？
19世紀ごろといわれているよ。ヨーロッパ各地で海水浴が盛んになったんだ。それで、水着が発明されたんだよ。それまでは、特別なものはなかったんだ。

A271
水泳の飛びこみ競技の飛びこみ台の高さは何m？
高飛びこみが10m、飛び板飛びこみが3mなんだ。飛びこみには、台の上から飛びこむ高飛びこみと、飛び板ではねあがって飛びこむ飛び板飛びこみがあるんだ。

A272
強く体をぶつけるとあざになるのはなぜ？
皮ふの下の血管が破れるからだよ。血管から流れでた血液が、皮ふを通して青く見えるのが、あざ（内出血）なんだ。

A273
運動選手の心臓はふつうの人より大きいの？
スポーツの練習を続けると大きくなる人が多いんだよ。マラソンなどの運動をする人の心臓は、たくさんの血液を送りだす必要があるからなんだ。

A274
心臓の大きさはどのくらいなの？
その人のにぎりこぶしくらいの大きさといわれているんだ。重さはおとなで250～300gなんだよ。心臓は、血液をじゅんかんさせる働きがあるんだ。

Q275
一番多く金メダルをかく得した選手はだれ？

Q276

アメリカ合衆国の国旗を日本では何と呼ぶの？

Q277

アメリカとどうして名づけられたの？

Q278

プールに入ると体が軽くなるのはなぜ？

Q279

水泳の「自由形」はクロールのことなの？

Q280

耳たぶはどうして冷たいの？

Q281
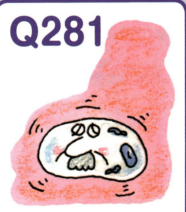

細ぼうにはじゅ命があるの？

Q282
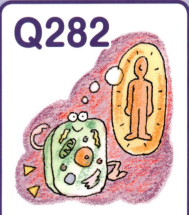

人間の体は何個の細ぼうからできているの？

A275 一番多く金メダルをかく得した選手はだれ？

アメリカ合衆国の水泳選手マイケル・フェルプス（1985年～）だよ。アテネ大会（2004年、ギリシャ）からリオデジャネイロ大会（2016年、ブラジル）にかけて、計23個の金メダルをかく得しているんだ。
※2018年7月現在。

A276

アメリカ合衆国の国旗を日本では何と呼ぶの？
星条旗だよ。星の数50個は、現在の州の数。紅白の13の線（条）は、18世紀にイギリスから独立した当時の13州の数を表しているんだ。

A277

アメリカとどうして名づけられたの？
南アメリカを探検した、イタリアの航海者アメリゴ・ベスプッチ（1454～1512年）の名前「アメリゴ」にちなんで、名づけられたんだよ。

A278

プールに入ると体が軽くなるのはなぜ？
水の中でものをうかせる力が働くからなんだ。ふ力というんだよ。水中に入った体がおしのけた水の重さだけ、体が軽くなるんだ。

A279

水泳の「自由形」はクロールのことなの？
ちがうんだよ。「自由形」の泳ぎ方は、文字通り自由なんだ。クロールが一番速い泳ぎ方なので、みんなクロールで泳ぐんだよ。

A280

耳たぶはどうして冷たいの？
耳たぶは大きな面積がある割には、血液の流れが少ないからだよ。そして、とびだしている分、熱もにげやすいんだ。

A281

細ぼうにはじゅ命があるの？
あるんだよ。常に新しい細ぼうと入れかわっているんだ。一番短いじゅ命の細ぼうは、胃や腸の表面の細ぼうで、24時間のじゅ命なんだよ。

A282

人間の体は何個の細ぼうからできているの？
37兆個といわれているよ。細ぼうは体を作る一番小さな単位で、毎日の暮らしの中でも、どんどん新しい細ぼうに入れかわっているんだ。

88

Q283

サーフィンはオリンピック競技にあるの？

Q284

サーフィンはどこで発明されたスポーツ？

Q285

サーフィンの大波の世界記録は何m？

Q286
海水浴は何のために始められたの？

Q287

皮ふはどんな役目をしているの？

Q288
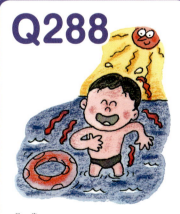
日焼けするのはなぜ？

Q289

あせはなぜ塩からいの？

Q290

暑くなるとあせをかくのはなぜ？

A283
サーフィンはオリンピック競技にあるの？
2020年東京大会の正式競技になったんだよ。千葉県の一宮町東浪見の釣ケ崎海岸で開催されるんだ。

A284
サーフィンはどこで発明されたスポーツ？
主にハワイの島じまで、昔から遊びとして行われていたんだ。スポーツとして世界に広まったのは、20世紀からだよ。

A285
サーフィンの大波の世界記録は何m？
24.38mといわれているんだよ。2017年に、ポルトガルの海で記録されたんだ。ギネス世界記録に、翌年認定されたんだよ。
※未公認ではこれをこす波がある。

A286
海水浴は何のために始められたの？
健康を保つためや、病気を治すためだよ。海岸の空気をすって、海水につかり、海水を飲む健康法が、18世紀のイギリスで始まったんだ。当時の海はきっと、きれいだったんだね。

A287
皮ふはどんな役目をしているの？
ばいきんから体を守り、水分が体からもれたり、入ってきたりしないようにしているんだ。体温を保ったり、ふれたものを感じとったりもしているよ。

A288
日焼けするのはなぜ？
日光にふくまれるし外線をあびすぎると、皮ふが赤くなったり水ぶくれができたり、皮ふのメラニンという色素によって、黒くなったりするんだ。

A289
あせはなぜ塩からいの？
あせに塩分がふくまれているからだよ。あせの成分は99％以上が水だけど、塩分や乳酸、にょう酸などが少しふくまれているんだ。

A290
暑くなるとあせをかくのはなぜ？
あせをかいて体を冷やすためだよ。暑くなると、脳からあせを出す命令が出るんだ。あせが皮ふから蒸発するときに、体を冷やすんだよ。

Q291

オリンピックの開会式の入場順は何で決めるの？

オリンピック参加国や地域の旗 一覧
どこの国や地域の旗かな？

国名（地域名）と首都（主都）を答えよう！　答えは裏面にあるよ。

旗の掲載順は、IOCのホームページを参考にしています。

1	2	3

4	5	6	7	8

9	10	11	12	13

14	15	16	17	18

19	20	21	22	23

24	25	26	27	28
		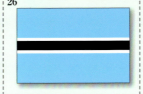		

29	30	31	32	33

A291

オリンピックの開会式の入場順は何で決めるの?

開催国の言葉での国名(地域名)のA,B,C…順(アルファベット順)だよ。でも先頭は古代オリンピックが生まれたギリシャで、最後は開催国と決まっているんだ。

オリンピック参加国や地域の旗 一覧

〈表面〉 旗

〈裏面〉
```
95  日本
    (日本国)
    JPN
    東京
 金12 銀8 銅21
```

- 国名(地域名)
- (正式な国名)
- IOCでの略称
- 首都(主都)
- リオデジャネイロ大会でのメダルかく得数

旗の掲載順は、IOCのホームページを参考にしています。

#	国名	略称	首都	金	銀	銅
1	アフガニスタン (アフガニスタン・イスラム共和国)	AFG	カブール	0	0	0
2	アルバニア (アルバニア共和国)	ALB	ティラナ	0	0	0
3	アルジェリア (アルジェリア民主人民共和国)	ALG	アルジェ	0	2	0
4	アメリカ領サモア	ASA	パゴパゴ	0	0	0
5	アンドラ (アンドラ公国)	AND	アンドララベリャ	0	0	0
6	アンゴラ (アンゴラ共和国)	ANG	ルアンダ	0	0	0
7	アンティグア・バーブーダ (アンティグア・バーブーダ)	ANT	セントジョンズ	0	0	0
8	アルゼンチン (アルゼンチン共和国)	ARG	ブエノスアイレス	3	1	0
9	アルメニア (アルメニア共和国)	ARM	エレバン	1	3	0
10	アルバ	ARU	オラニエスタッド	0	0	0
11	オーストラリア (オーストラリア連邦)	AUS	キャンベラ	8	11	10
12	オーストリア (オーストリア共和国)	AUT	ウィーン	0	0	1
13	アゼルバイジャン (アゼルバイジャン共和国)	AZE	バクー	1	7	10
14	バハマ (バハマ国)	BAH	ナッソー	1	0	1
15	バーレーン (バーレーン王国)	BRN	マナーマ	1	1	0
16	バングラデシュ (バングラデシュ人民共和国)	BAN	ダッカ	0	0	0
17	バルバドス (バルバドス)	BAR	ブリッジタウン	0	0	0
18	ベラルーシ (ベラルーシ共和国)	BLR	ミンスク	1	4	4
19	ベルギー (ベルギー王国)	BEL	ブリュッセル	2	2	2
20	ベリーズ (ベリーズ)	BIZ	ベルモパン	0	0	0
21	ベナン (ベナン共和国)	BEN	ポルトノボ	0	0	0
22	バミューダ	BER	ハミルトン	0	0	0
23	ブータン (ブータン王国)	BHU	ティンプー	0	0	0
24	ボリビア (ボリビア多民族国)	BOL	ラパス	0	0	0
25	ボスニア・ヘルツェゴビナ (ボスニア・ヘルツェゴビナ)	BIH	サラエボ	0	0	0
26	ボツワナ (ボツワナ共和国)	BOT	ハボローネ	0	0	0
27	ブラジル (ブラジル連邦共和国)	BRA	ブラジリア	7	6	6
28	ブルネイ (ブルネイ・ダルサラーム国)	BRU	バンダルスリブガワン	0	0	0
29	ブルガリア (ブルガリア共和国)	BUL	ソフィア	0	1	2
30	ブルキナファソ (ブルキナファソ)	BUR	ワガドゥグー	0	0	0
31	ブルンジ (ブルンジ共和国)	BDI	ギテガ	0	1	0
32	カンボジア (カンボジア王国)	CAM	プノンペン	0	0	0
33	カメルーン (カメルーン共和国)	CMR	ヤウンデ	0	0	0

#	国名	正式名称	コード	首都	金	銀	銅
34	カナダ	(カナダ)	CAN	オタワ	4	3	15
35	カーボベルデ	(カーボベルデ共和国)	CPV	プライア	0	0	0
36	ケイマン諸島		CAY	ジョージタウン	0	0	0
37	中央アフリカ共和国	(中央アフリカ共和国)	CAF	バンギ	0	0	0
38	チャド	(チャド共和国)	CHA	ンジャメナ	0	0	0
39	チリ	(チリ共和国)	CHI	サンティアゴ	0	0	0
40	チャイニーズタイペイ		TPE	台北	1	0	2
41	コロンビア	(コロンビア共和国)	COL	ボゴタ	3	2	3
42	コモロ	(コモロ連合)	COM	モロニ	0	0	0
43	コンゴ共和国	(コンゴ共和国)	CGO	ブラザビル	0	0	0
44	クック諸島	(クック諸島)	COK	アバルア	0	0	0
45	コスタリカ	(コスタリカ共和国)	CRC	サンホセ	0	0	0
46	コートジボワール	(コートジボワール共和国)	CIV	ヤムスクロ	1	0	1
47	クロアチア	(クロアチア共和国)	CRO	ザグレブ	5	3	2
48	キューバ	(キューバ共和国)	CUB	ハバナ	5	2	4
49	キプロス	(キプロス共和国)	CYP	ニコシア	0	0	0
50	チェコ	(チェコ共和国)	CZE	プラハ	1	2	7
51	北朝鮮	(朝鮮民主主義人民共和国)	PRK	平壌	2	3	2
52	コンゴ民主共和国	(コンゴ民主共和国)	COD	キンシャサ	0	0	0
53	デンマーク	(デンマーク王国)	DEN	コペンハーゲン	2	6	7
54	ジブチ	(ジブチ共和国)	DJI	ジブチ	0	0	0
55	ドミニカ共和国	(ドミニカ共和国)	DOM	サントドミンゴ	0	0	1
56	ドミニカ国	(ドミニカ国)	DMA	ロゾー	0	0	0
57	エクアドル	(エクアドル共和国)	ECU	キト	0	0	0
58	エジプト	(エジプト・アラブ共和国)	EGY	カイロ	0	0	3
59	エルサルバドル	(エルサルバドル共和国)	ESA	サンサルバドル	0	0	0
60	赤道ギニア	(赤道ギニア共和国)	GEQ	マラボ	0	0	0
61	エリトリア	(エリトリア国)	ERI	アスマラ	0	0	0
62	エストニア	(エストニア共和国)	EST	タリン	0	0	1
63	エスワティニ	(エスワティニ王国)	SWZ	ムババーネ	0	0	0
64	エチオピア	(エチオピア連邦民主共和国)	ETH	アディスアベバ	1	2	5
65	ミクロネシア連邦	(ミクロネシア連邦)	FSM	パリキール	0	0	0
66	フィジー	(フィジー共和国)	FIJ	スバ	1	0	0
67	フィンランド	(フィンランド共和国)	FIN	ヘルシンキ	0	0	1
68	フランス	(フランス共和国)	FRA	パリ	10	18	14
69	ガボン	(ガボン共和国)	GAB	リーブルビル	0	0	0
70	ガンビア	(ガンビア共和国)	GAM	バンジュール	0	0	0
71	ジョージア	(ジョージア)	GEO	トビリシ	2	1	4
72	ドイツ	(ドイツ連邦共和国)	GER	ベルリン	18	10	15
73	ガーナ	(ガーナ共和国)	GHA	アクラ	0	0	0
74	イギリス	(グレートブリテンおよび北アイルランド連合王国)	GBR	ロンドン	27	23	17
75	ギリシャ	(ギリシャ共和国)	GRE	アテネ	3	1	2
76	グレナダ	(グレナダ)	GRN	セントジョージズ	0	1	0
77	グアム		GUM	ハガニア	0	0	0
78	グアテマラ	(グアテマラ共和国)	GUA	グアテマラシティ	0	0	0

No.	国名	コード	首都	金	銀	銅
79	ギニア（ギニア共和国）	GUI	コナクリ	0	0	0
80	ギニアビサウ（ギニアビサウ共和国）	GBS	ビサウ	0	0	0
81	ガイアナ（ガイアナ共和国）	GUY	ジョージタウン	0	0	0
82	ハイチ（ハイチ共和国）	HAI	ポルトープランス	0	0	0
83	ホンジュラス（ホンジュラス共和国）	HON	テグシガルパ	0	0	0
84	香港	HKG	中西区	0	0	0
85	ハンガリー（ハンガリー）	HUN	ブダペスト	8	3	4
86	アイスランド（アイスランド共和国）	ISL	レイキャビク	0	0	0
87	インド（インド）	IND	デリー	0	1	1
88	インドネシア（インドネシア共和国）	INA	ジャカルタ	1	2	0
89	イラク（イラク共和国）	IRQ	バグダッド	0	0	0
90	アイルランド（アイルランド）	IRL	ダブリン	0	2	0
91	イラン（イラン・イスラム共和国）	IRI	テヘラン	3	1	4
92	イスラエル（イスラエル国）	ISR	エルサレム※	0	0	2
93	イタリア（イタリア共和国）	ITA	ローマ	8	12	8
94	ジャマイカ（ジャマイカ）	JAM	キングストン	6	3	2
95	日本（日本国）	JPN	東京	12	8	21
96	ヨルダン（ヨルダン・ハシェミット王国）	JOR	アンマン	1	0	0
97	カザフスタン共和国（カザフスタン共和国）	KAZ	ヌルスルタン	3	5	10
98	ケニア（ケニア共和国）	KEN	ナイロビ	6	7	1
99	キリバス（キリバス共和国）	KIR	タラワ	0	0	0
100	コソボ（コソボ共和国）	KOS	プリシュティナ	1	0	0
101	クウェート（クウェート国）	KUW	クウェート	0	0	0
102	キルギス（キルギス共和国）	KGZ	ビシュケク	0	0	0
103	ラオス（ラオス人民民主共和国）	LAO	ビエンチャン	0	0	0
104	ラトビア（ラトビア共和国）	LAT	リガ	0	0	0
105	レバノン（レバノン共和国）	LBN	ベイルート	0	0	0
106	レソト（レソト王国）	LES	マセル	0	0	0
107	リベリア（リベリア共和国）	LBR	モンロビア	0	0	0
108	リビア（リビア）	LBA	トリポリ	0	0	0
109	リヒテンシュタイン（リヒテンシュタイン公国）	LIE	ファドーツ	0	0	0
110	リトアニア（リトアニア共和国）	LTU	ビリニュス	0	1	3
111	ルクセンブルク（ルクセンブルク大公国）	LUX	ルクセンブルク	0	0	0
112	マダガスカル（マダガスカル共和国）	MAD	アンタナナリボ	0	0	0
113	マラウイ（マラウイ共和国）	MAW	リロングウェ	0	0	0
114	マレーシア（マレーシア）	MAS	クアラルンプール	0	4	1
115	モルディブ（モルディブ共和国）	MDV	マレ	0	0	0
116	マリ（マリ共和国）	MLI	バマコ	0	0	0
117	マルタ（マルタ共和国）	MLT	バレッタ	0	0	0
118	マーシャル諸島共和国（マーシャル諸島共和国）	MHL	マジュロ	0	0	0
119	モーリタニア（モーリタニア・イスラム共和国）	MTN	ヌアクショット	0	0	0
120	モーリシャス（モーリシャス共和国）	MRI	ポートルイス	0	0	0
121	メキシコ（メキシコ合衆国）	MEX	メキシコシティ	0	3	2
122	モナコ（モナコ公国）	MON	モナコ	0	0	0
123	モンゴル（モンゴル国）	MGL	ウランバートル	0	1	1

※国際的には認められていない。

124 モンテネグロ (モンテネグロ) MNE ポドゴリツァ 金 0 銀 0 銅 0	**125** モロッコ (モロッコ王国) MAR ラバト 金 0 銀 0 銅 1	**126** モザンビーク (モザンビーク共和国) MOZ マプト 金 0 銀 0 銅 0	**127** ミャンマー (ミャンマー連邦共和国) MYA ネーピードー 金 0 銀 0 銅 0	**128** ナミビア (ナミビア共和国) NAM ウィントフック 金 0 銀 0 銅 0
129 ナウル (ナウル共和国) NRU ヤレン 金 0 銀 0 銅 0	**130** ネパール (ネパール連邦民主共和国) NEP カトマンズ 金 0 銀 0 銅 0	**131** オランダ (オランダ王国) NED アムステルダム 金 8 銀 7 銅 4	**132** ニュージーランド (ニュージーランド) NZL ウェリントン 金 4 銀 9 銅 5	**133** ニカラグア (ニカラグア共和国) NCA マナグア 金 0 銀 0 銅 0
134 ニジェール (ニジェール共和国) NIG ニアメ 金 0 銀 1 銅 0	**135** ナイジェリア (ナイジェリア連邦共和国) NGR アブジャ 金 0 銀 0 銅 1	**136** ノルウェー (ノルウェー王国) NOR オスロ 金 0 銀 0 銅 4	**137** オマーン (オマーン国) OMA マスカット 金 0 銀 0 銅 0	**138** パキスタン (パキスタン・イスラム共和国) PAK イスラマバード 金 0 銀 0 銅 0
139 パラオ (パラオ共和国) PLW マルキョク 金 0 銀 0 銅 0	**140** パレスチナ PLE ラマッラ 金 0 銀 0 銅 0	**141** パナマ (パナマ共和国) PAN パナマシティ 金 0 銀 0 銅 0	**142** パプアニューギニア (パプアニューギニア独立国) PNG ポートモレスビー 金 0 銀 0 銅 0	**143** パラグアイ (パラグアイ共和国) PAR アスンシオン 金 0 銀 0 銅 0
144 中国 (中華人民共和国) CHN 北京 金 26 銀 18 銅 26	**145** ペルー (ペルー共和国) PER リマ 金 0 銀 0 銅 0	**146** フィリピン (フィリピン共和国) PHI マニラ 金 0 銀 1 銅 0	**147** ポーランド (ポーランド共和国) POL ワルシャワ 金 2 銀 3 銅 6	**148** ポルトガル (ポルトガル共和国) POR リスボン 金 0 銀 0 銅 1
149 プエルトリコ PUR サン・フアン 金 1 銀 0 銅 0	**150** カタール (カタール国) QAT ドーハ 金 0 銀 1 銅 0	**151** 韓国 (大韓民国) KOR ソウル 金 9 銀 3 銅 9	**152** モルドバ (モルドバ共和国) MDA キシニョフ 金 0 銀 0 銅 0	**153** ルーマニア (ルーマニア) ROU ブカレスト 金 1 銀 1 銅 2
154 ロシア (ロシア連邦) RUS モスクワ 金 19 銀 17 銅 20	**155** ルワンダ (ルワンダ共和国) RWA キガリ 金 0 銀 0 銅 0	**156** セントクリストファー・ネービス (セントクリストファー・ネービス) SKN バセテール 金 0 銀 0 銅 0	**157** セントルシア (セントルシア) LCA カストリーズ 金 0 銀 0 銅 0	**158** サモア (サモア独立国) SAM アピア 金 0 銀 0 銅 0
159 サンマリノ (サンマリノ共和国) SMR サンマリノ 金 0 銀 0 銅 0	**160** サントメ・プリンシペ (サントメ・プリンシペ民主共和国) STP サントメ 金 0 銀 0 銅 0	**161** サウジアラビア (サウジアラビア王国) KSA リヤド 金 0 銀 0 銅 0	**162** セネガル (セネガル共和国) SEN ダカール 金 0 銀 0 銅 0	**163** セルビア (セルビア共和国) SRB ベオグラード 金 2 銀 4 銅 2
164 セーシェル (セーシェル共和国) SEY ビクトリア 金 0 銀 0 銅 0	**165** シエラレオネ (シエラレオネ共和国) SLE フリータウン 金 0 銀 0 銅 0	**166** シンガポール (シンガポール共和国) SGP シンガポール 金 1 銀 0 銅 0	**167** スロバキア (スロバキア共和国) SVK ブラチスラバ 金 2 銀 2 銅 0	**168** スロベニア (スロベニア共和国) SLO リュブリャナ 金 1 銀 2 銅 1

Q292

第1回大会からオリンピックに参加している国は何か国？

Q293

白い旗が国旗だった国はどこ？

Q294

世界で一番古い国旗は？

Q295

カナダの国旗はなぜカエデの葉なの？

Q296
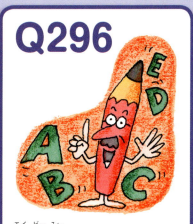
A,B,C…をアルファベットというのはなぜ？

Q297

英語が世界共通語ともいわれるのはなぜ？

Q298

つな引きがオリンピックの種目だったって本当？

Q299

世界で一番多い血液型は何型？

Q300

動脈と静脈の役目はどうちがうの？

A292
第1回大会からオリンピックに参加している国は何か国？

5か国だよ。ギリシャ、スイス、イギリス、フランス、オーストラリアが、第1回アテネ大会（1896年、ギリシャ）からずっと参加しているんだ。

※オーストラリアは、1896年の時点では独立した国ではなく、イギリス領だった。

A293
白い旗が国旗だった国はどこ？

フランスだよ。3色だったけど、1815年に、ナポレオンが戦いにやぶれると、白い旗が国旗になったんだ。その後、3色にもどったんだよ。

A294
世界で一番古い国旗は？

デンマークの国旗といわれているよ。13世紀に作られてから一度も変えられずに、今も使われているんだ。

A295
カナダの国旗はなぜカエデの葉なの？

カエデが、カナダの国を代表する木だからだよ。描かれているのはサトウカエデの葉で、この木からは、シロップがとれるんだ。

A296
A,B,C…をアルファベットというのはなぜ？

A,B,C…のもとになったのがギリシャ文字だからだよ。ギリシャ文字の最初の2文字の、αと、βとを合わせて、アルファベットと呼ぶようになったんだ。

A297
英語が世界共通語ともいわれるのはなぜ？

世界の多くの国ぐにで、英語を公用語や共通語として使っているからなんだよ。例えばイギリスやアメリカ合衆国、オーストラリア、ニュージーランド、南アフリカ共和国、フィリピンなどの国ぐにだよ。

A298
つな引きがオリンピックの種目だったって本当？

本当だよ。1900年のパリ大会（フランス）から、1920年のアントワープ大会（ベルギー）まで、陸上競技の正式種目だったんだよ。

A299
世界で一番多い血液型は何型？

O型といわれているんだよ。日本人ではA型が多くて、人口の約40％がA型といわれているんだ。

※全ての国がO型が一番ではない。

A300
動脈と静脈の役目はどうちがうの？

動脈は心臓から体の各部分に血液を送りだすときの血管で、静脈は血液を再び心臓に送りかえすときの血管なんだよ。

Q301
第18回東京オリンピックに参加した国や地域はいくつ？

Q302

日の丸は江戸時代には何の目印だったの？

Q303

お金の「円」をなぜ英語で「YEN」と書くの？

Q304

アメリカ合衆国の「旗の日」って何の日？

Q305

自由の女神が左手に持っているものは何？

Q306

跳び箱はどこの国で考案されたの？

Q307

世界の時刻はなぜちがうの？

Q308

国際連合の旗に描かれている植物は何？

A301 第18回東京オリンピックに参加した国や地域はいくつ？

93（パラリンピックは21）だったんだよ。第18回大会は1964年（昭和39年）に、日本で開かれたんだ。リオデジャネイロ大会（2016年、ブラジル）は207（難民選手団ふくむ）、パラリンピックは159だったんだよ。初めて難民選手団が作られたんだ。

▼第18回大会の日本選手団の入場式。

写真：共同通信社／ユニフォトプレス

A302 日の丸は江戸時代には何の目印だったの？

船の目印だよ。初めは江戸幕府の船の目印に使われたんだ。外国との交渉が多くなる幕末になると、日本の船を表す目印になっていったんだよ。

A303 お金の「円」をなぜ英語で「YEN」と書くの？

日本のお金の単位は円。ローマ字で書くと「en」だね。でも「en」と書くと外国人がエンと発音できないので、「YEN」にしたという説があるんだよ。

A304 アメリカ合衆国の「旗の日」って何の日？

アメリカ合衆国の国民の祝日だよ。1777年6月14日に、アメリカ合衆国の国旗が正式に決められたことにちなんで制定されたんだ。

A305 自由の女神が左手に持っているものは何？

アメリカ合衆国が独立宣言を公布した日が記された独立宣言書だよ。自由の女神は独立100年を記念して、1886年にフランスからおくられたんだ。

A306 跳び箱はどこの国で考案されたの？

スウェーデンだよ。ちょうやく力や基礎的な体力向上などの道具として、19世紀の初めに体育学者のリングが考案したんだ。

A307 世界の時刻はなぜちがうの？

太陽が当たっている地域がちがうからだよ。日本が昼間のとき、地球の反対側のブラジルは夜なんだ。地球の経度が15°ちがうと、1時間時差があるんだよ。

A308 国際連合の旗に描かれている植物は何？

平和を表すシンボル、オリーブだよ。世界の国ぐにの平和と友好を表すために、世界地図の周りに描かれているんだよ。

Q309
第1回冬季大会はいつ開かれたの？

写真：ユニフォトプレス

Q310
アジア初の冬季大会はどこの国で開催されたの？

Q311

2018年まででアジアで冬季大会は何回開かれたの？

Q312

開会式に相撲の横綱が土俵入りした大会は何？

Q313

長野大会のマスコットの名前は何？

Q314

寒いとくちびるが青くなるのはどうしてなの？

A309
第1回冬季大会はいつ開かれたの？

1924年だよ。フランスのシャモニー・モンブランで、1月25日から2月5日まで開かれたんだ。16の国と地域、258名が4競技、16種目を競ったけど、日本は前年に起きた関東大震災のため参加できなかったんだよ。

▲第1回シャモニー・モンブラン大会。 写真：ユニフォトプレス

A310
アジア初の冬季大会はどこの国で開催されたの？

▲札幌大会のスキージャンプ台。
写真：shankoubo / PIXTA

日本だよ。1972年に開催された、第11回札幌大会なんだ。35の国と地域の選手が参加して、日本は金、銀、銅メダルを各1個獲得したんだよ。

A311
2018年まででアジアで冬季大会は何回開かれたの？

3回だよ。1972年の札幌大会、1998年の長野大会、2018年の平昌大会（韓国）なんだ。次の大会もアジアで、2022年に北京（中国）で開催されるんだよ。

A312
開会式に相撲の横綱が土俵入りした大会は何？

1998年の長野大会だよ。開会式で横綱曙（1969年〜）が、土俵入りをひろうしたんだ。善光寺の鐘が開会の合図など、日本の伝統がたくさんあったんだよ。

A313
長野大会のマスコットの名前は何？

「スノーレッツ」だよ。フクロウのマスコットなんだ。「スノーレッツ」には、4羽の仲間がいて、スッキー、ノッキー、レッキー、ツッキーというんだよ。長野大会は、1998年に長野県で開催されたんだ。

※表は長野大会寄附金つき切手（日本発行）。

A314
寒いとくちびるが青くなるのはどうしてなの？

くちびるには、毛細血管という細かい血管がたくさんあるので、ふだんは赤く見えるんだ。寒いと血管が縮んで血液の流れが悪くなるので、青く見えるんだよ。くちびるの皮ふは薄いので、毛細血管がすけて見えるんだ。

Q315
「日の丸飛行隊」って何？

Q316

冬季オリンピックにも聖火リレーがあるの？

Q317

日本選手が初めて入賞した冬季大会はいつ？

Q318

室内スケート場の氷はどうやって作るの？

Q319

ローラースケートを発明したのはどこの国？

Q320

冬季大会で日本初のメダルをかく得した選手はだれ？

Q321

長野大会で新しく登場した競技は？

Q322

おしりの肉はなぜ厚いの？

A315 「日の丸飛行隊」って何？

オリンピックなどの国際大会に出場する、日本のスキージャンプの選手たちの愛称だよ。1972年札幌大会と1998年長野大会で大活やくして、メダルのかく得と共に、大きな感動を国民にあたえてくれたんだ。

▶長野大会の聖火台。

A316

冬季オリンピックにも聖火リレーがあるの？

あるんだよ。聖火リレーは、オスロ大会（1952年、ノルウェー）から始まったんだ。「近代スキーの父」と呼ばれたソンドレ・ノルハイム（1825年ごろ～1897年）の生家のだんろから採火され、会場に運ばれたんだよ。

A317

日本選手が初めて入賞した冬季大会はいつ？

第4回ガルミッシュ・パルテンキルヘン大会（1936年、ドイツ）だよ。スピードスケートの石原省三（1910～1993年）が、男子500mで4位に入賞したんだ。

A318

室内スケート場の氷はどうやって作るの？

仮設リンクの場合は、床に張った細い管に、-10度くらいに冷やした不とう液を流し、それに水をまいてこおらせるんだ。氷の厚さは8cmくらいなんだよ。

A319

ローラースケートを発明したのはどこの国？

18世紀のオランダらしいよ。その後ヨーロッパ各地や、アメリカに広まったんだ。

※ベルギー人のマリーンが1760年に発明したが、これは広まらなかったという説もある。

A320

冬季大会で日本初のメダルをかく得した選手はだれ？

猪谷千春（1931年～）だよ。コルチナ・ダンペッツォ大会（1956年、イタリア）のスキー男子回転競技で、日本人として初めてのメダル（銀）をかく得したんだ。

A321

長野大会で新しく登場した競技は？

公式競技として、カーリングとスノーボード、女子アイスホッケーが新しく登場したんだよ。

※1998年、開催。

A322

おしりの肉はなぜ厚いの？

おしりの皮ふやしぼうは、座るときのクッションのため、筋肉は、太ももをのばすために厚くなっているんだよ。

Q323

スキー場を意味するゲレンデって何語？

Q324
冬季大会で日本女子選手初の金メダルをかく得した選手はだれ？

Q325 長野新幹線って何？

写真：IK / PIXTA

Q326

ローラースケートが日本に伝わったのはいつ？

Q327

スケートが日本に伝わったのはいつ？

Q328

フィギュアスケートが最初に行われたのは夏季大会？冬季大会？

Q329

フィギュアスケートの「フィギュア」ってどんな意味？

109

A323
スキー場を意味するゲレンデって何語？
ドイツ語だよ。土地という意味だけど、スキー用語では、スキー場という意味になるんだ。日本のスキー用語には、ドイツ語もたくさんあるんだよ。

A324
冬季大会で日本女子選手初の金メダルをかく得した選手はだれ？

モーグルの里谷多英（1976年～）だよ。1998年長野大会で、女子初の金メダルをかく得したんだ。ソルトレークシティ大会（2002年、アメリカ合衆国）では銅メダルをかく得したんだよ。

A325
長野新幹線って何？

今の北陸新幹線が、東京～長野まで開業した当時の呼び名だよ。長野大会の開催の前年、1997年（平成9年）10月1日に開業したんだ。

A326
ローラースケートが日本に伝わったのはいつ？
1877年（明治10年）ごろに、日本に紹介されたといわれているんだ。その後、日本各地にローラースケート場ができたんだよ。

A327
スケートが日本に伝わったのはいつ？
1877年（明治10年）だよ。北海道で先生をしていたアメリカ人のブルックスが、持ってきたスケートぐつですべったのが最初といわれているんだ。

A328
フィギュアスケートが最初に行われたのは夏季大会？冬季大会？
夏季大会だよ。ロンドン大会（1908年、イギリス）の、屋内スケートリンクで初めて行われたんだ。男子シングルは、スウェーデンの選手がメダルを独占したんだよ。

A329
フィギュアスケートの「フィギュア」ってどんな意味？
英語でfigureと書いて、図形という意味なんだ。氷の上にいろいろな図形（フィギュア）を描くようにすべるので、そう名づけられたんだよ。
※人の姿という意味もある。

Q330

イナバウアーとどうして名づけられたの？

Q331

ぐるぐる回ると目が回るのはなぜ？

Q332

日本のスキーの始まりはいつ？

Q333

人工雪はどうやって作るの？

Q334

雪はなぜ白いの？

Q335

平昌大会のマスコットの名前は何？

Q336
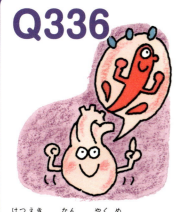
血液は何の役目をしているの？

Q337
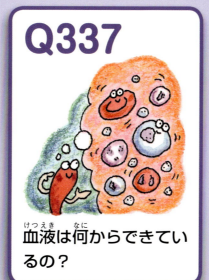
血液は何からできているの？

Q338

同じ大会で金メダルを2個かく得した日本女子選手はだれ？

A330
イナバウアーとどうして名づけられたの？
技を開発した、西ドイツ（今のドイツ）のフィギュアスケート選手イナ・バウアー（1941～2014年）からきているんだ。足を前後に開いてつま先を開き横にすべる、スケートの技なんだよ。

A331
ぐるぐる回ると目が回るのはなぜ？
体の回転は、耳の中の三半規管の根本にある、クプラという部分で感じているんだ。三半規管は液体で満たされていて、回転が止まっても、液体の動きをしばらくクプラが感じているからだよ。

A332
日本のスキーの始まりはいつ？
1911年（明治44年）1月12日だよ。オーストリアのレルヒ少佐（1869～1945年）が教えたのが始まりなんだ。今から100年以上前のことなんだよ。

A333
人工雪はどうやって作るの？
水蒸気を人工的に冷やして、雪の結晶を作るんだ。スキー場では、かき氷のように氷を細かくしてゲレンデにまくこともあるよ。

A334
雪はなぜ白いの？
雪は、いろいろな色の光をあちこちにはねかえすんだよ。はねかえったいろいろな色の光がまじりあって、私たちの目には白い色に見えるんだ。

A335
平昌大会のマスコットの名前は何？
白い虎の「スホラン」だよ。オリンピックの選手や関係者、観客の保護を意味する韓国語の「スホ」と虎の「ホランイ」と民謡「旌善アリラン」を組みあわせたんだ。パラリンピックのマスコットは、ツキノワグマの「バンダビ」だよ。
※2018年に韓国で開催。表は平昌大会記念切手（韓国発行）。

A336
血液は何の役目をしているの？
体に必要な酸素や栄養を運んでいるんだよ。体温のもととなる熱や、いらなくなった二酸化炭素などを運ぶこともしているんだ。細きんも殺すんだよ。

A337
血液は何からできているの？
血液は血球と呼ばれる、赤血球、白血球、血小板とそれ以外の血しょうという液体成分でできているんだよ。

A338
同じ大会で金メダルを2個かく得した日本女子選手はだれ？
スピードスケート選手の髙木菜那（1992年～）だよ。平昌大会（2018年、韓国）で、夏季、冬季を通じて日本女子初の1大会2個の金メダルをかく得したんだ。
※2018年7月現在。

Q339

日本が冬季大会で一番多くかく得したメダルはいくつ？

Q340

この切手は何？

Q341

スキーはなぜ雪の上でよくすべるの？

Q342

カーリングは昔から行われていたスポーツなの？

Q343

カーリングがオリンピックの正式競技になったのはいつ？

Q344

人工雪を発明したのはどこの国の人なの？

Q345

国民栄誉賞を受賞した平昌大会の金メダリストはだれ？

Q346

寒いとなぜ体がブルブルとふるえるの？

Q347

きん張すると貧ぼうゆすりをするのはなぜ？

A339
日本が冬季大会で一番多くかく得したメダルはいくつ？
13だよ。2018年に韓国で開催された平昌大会で、金4、銀5、銅4のメダルをかく得したんだ。
※2018年7月現在。

A340
この切手は何？
2018年平昌大会の記念切手だよ。オリンピックスタジアムが描かれているんだ。平昌大会は、2018年2月9日から2月25日まで、韓国で開催されたんだよ。

A341
スキーはなぜ雪の上でよくすべるの？
スキーの板にかかる重さで雪の表面がとけて、スキーの板と雪の間にできた水がまさつを少なくするからとか、氷自体がすべりやすいからなど、いろいろな説があるけど、まだはっきりしないんだよ。

A342
カーリングは昔から行われていたスポーツなの？
そうだよ。日本では比較的新しいスポーツだけど、16世紀の初めごろにはスコットランド（イギリス）で行われていたんだ。
※北欧という説もある。

A343
カーリングがオリンピックの正式競技になったのはいつ？
1998年長野大会からだよ。男女2種目が公式競技になったんだ。それまでは、公開競技だったんだよ。

A344
人工雪を発明したのはどこの国の人なの？
日本だよ。1936年（昭和11年）に、物理学者、中谷宇吉郎（1900〜1962年）が、雪の結しょうの研究から、世界で最初に人工雪を作ったんだよ。

A345
国民栄誉賞を受賞した平昌大会の金メダリストはだれ？
フィギュアスケートの羽生結弦（1994年〜）だよ。平昌大会（2018年、韓国）の男子シングルで、前回のソチ大会（2014年、ロシア）に続き連続優勝したんだ。スケート選手として初の国民栄誉賞を受賞したんだよ。

A346
寒いとなぜ体がブルブルとふるえるの？
寒くなると、筋肉の動きで、ふだんよりたくさんの熱を生みだして、体温を上げようとするからだよ。この動きが皮ふに伝わって、体がブルブルふるえるんだ。

A347
きん張すると貧ぼうゆすりをするのはなぜ？
精神的なきん張とともに、筋肉もきん張してふるえたり、リラックスさせるために、無意識に体の一部を動かして気をそらすなど、いろいろな原因があるんだよ。

Q348

バイアスロンは何から始まったの？

Q349

バイアスロンってどういう意味なの？

Q350

2018年冬季パラリンピック平昌大会で日本がかく得したメダルはいくつ？

Q351

パラリンピックは何のために行われるの？

Q352

パラリンピックに聖火リレーはあるの？

Q353

聖火台の火はいつまでともされているの？

Q354　平昌大会の閉会式のテーマは何？

写真：승일류 / stock.foto

A348
バイアスロンは何から始まったの？
北ヨーロッパに住む人びとが、冬の雪山に銃を持ってスキーで行く狩りから始まった競技だよ。1960年のスコーバレー大会(アメリカ合衆国)から男子が、1992年のアルベールビル大会(フランス)から女子が、オリンピックに正式採用されたんだ。

A349
バイアスロンってどういう意味なの？
「バイ」は2、「アスロン」は競技という意味なんだよ。スキーのきょり競争と、ライフル射げきの2つを合わせた競技のことなんだ。

A350
2018年冬季パラリンピック平昌大会で日本がかく得したメダルはいくつ？
金3、銀4、銅3の計10個だよ。前回のソチ大会(ロシア)の6個を上回ったんだ。スキー選手の村岡桃佳(1997年～)が5個のメダルをかく得したんだよ。

A351
パラリンピックは何のために行われるの？
障がいのあるトップアスリートが出場できる、スポーツの祭典だよ。オリンピックと同じ年に、同じ都市で開催されるんだ。
※聴覚障がい者は、デフリンピックに参加する。

A352
パラリンピックに聖火リレーはあるの？
あるんだよ。1988年のソウルパラリンピック競技大会(韓国)から実施されているんだ。このときは、282人のランナーで聖火を運んだんだよ。

A353
聖火台の火はいつまでともされているの？
閉会式までなんだよ。オリンピックの聖火は、開会式に聖火台にともされるんだ。そして、会期中は燃え続けるんだよ。

A354
平昌大会の閉会式のテーマは何？
「Next Wave」だよ。「共存しながいのちがいを認めあおう」というメッセージなどがこめられていたんだ。閉会式は、2018年2月25日の午後8時から行われたんだよ。

▶平昌大会の閉会式。

写真：승일류 / stock.foto

Q355

パラリンピックはいつから開かれているの？

Q356

パラリンピックにも夏季と冬季があるの？

Q357

パラリンピック夏季、冬季大会の両方で初めて金メダルをとった日本人選手は？

Q358
閉会式の行進で国の入場順がばらばらになったのはいつから？

写真：ユニフォトプレス

Q359

パラリンピックのシンボルマークは何を表しているの？

Q360
人間の体で一番長い骨は何？

Q361

人間の体で一番小さい骨は何？

117

A355
パラリンピックはいつから開かれているの？

もとになっているのは、1948年7月29日に、イギリスにあるストーク・マンデビル病院で行われた競技大会とされているんだ。第14回ロンドン大会（1948年、イギリス）の開会式と同じ日に、アーチェリーの競技が行われたんだよ。正式なパラリンピック第1回大会は、ローマ大会（1960年、イタリア）なんだ。

A356
パラリンピックにも夏季と冬季があるの？

あるんだよ。夏季大会は1960年（イタリアのローマ）から、冬季大会は1976年（スウェーデンのエンシェルツヴィーク）から開催されているんだ。

A357
パラリンピック夏季、冬季大会の両方で初めて金メダルをとった日本人選手は？

土田和歌子（1974年〜）だよ。冬季では1998年長野大会のアイススレッジスピードレースで2個、夏季ではアテネ大会（2004年、ギリシャ）の車いす5000mで金メダルをかく得したんだ。

※銀、銅メダルもかく得している。2018年7月現在。

A358
閉会式の行進で国の入場順がばらばらになったのはいつから？

メルボルン大会（1956年、オーストラリア）からだよ。17歳の中国系オーストラリア人が、閉会式で全員がひとつの国になるために、そう提案したんだ。

※表の写真はメルボルン大会の閉会式。

A359
パラリンピックのシンボルマークは何を表しているの？

赤、青、緑の3色は、世界の国旗で最も多く使われている色からで、人間にとって大切な心、体、たましいを示しているんだ。カーブした線は、パラリンピックの選手の活やくが世界の人びとを勇気づけることを表しているんだよ。

※「スリーアギトス」と呼ぶ。

A360
人間の体で一番長い骨は何？

太ももにある、大たい骨だよ。おとなで、平均40㎝くらいあるんだ。

大たい骨

A361
人間の体で一番小さい骨は何？

耳の中にある、あぶみ骨（耳小骨のひとつ）だよ。おとなで約3㎜なんだ。こまくのしん動を、内耳に伝える働きなどをしているんだよ。

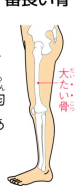
こまく
あぶみ骨

Q362

パラリンピックってどんな意味なの？

Q363
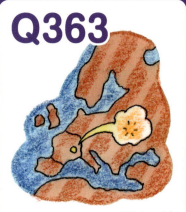
パラリンピックの最初の公式マスコットはいつから？

Q364

リオ2016パラリンピック競技大会で日本がかく得したメダル数は？

Q365

この道路標識は何？

Q366

この道路標識は何？

Q367

競技を表す絵文字はどうしてあるの？

Q368

非常口のマークは外国でも使われているの？

Q369

骨は何の役目をしているの？

Q370
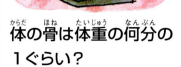
体の骨は体重の何分の1ぐらい？

A362
パラリンピックってどんな意味なの？

「もうひとつのオリンピック」という意味だよ。並行のとか、類似したという意味の英語parallelとオリンピックを組みあわせた言葉なんだ。1985年に、正式な名前になったんだよ。

A363
パラリンピックの最初の公式マスコットはいつから？

1980年にオランダのアーネムで開催された、第6回大会からだよ。2ひきのリスがマスコットに採用されたんだ。

A364
リオ2016パラリンピック競技大会で日本がかく得したメダル数は？

銀10、銅14の合計24だよ。メダルの数では、前回のロンドン大会（2012年、イギリス）の合計16を上回ったんだ。ブラジルで、2016年9月7日から18日に開催されたんだよ。

A365
この道路標識は何？

徐行だよ。車両と路面電車がすぐに止まることができる速度で、ゆっくり走らなければならないこと（徐行）を示しているんだ。第32回東京大会に向けて、SLOWの英語が併記されたんだよ。

A366
この道路標識は何？

一時停止だよ。車両と路面電車はいったん止まって、安全をたしかめなくてはならないことを示しているんだ。第32回東京大会に向けて、STOPの英語が併記されたんだよ。

A367
競技を表す絵文字はどうしてあるの？

外国の選手や観光客が、その国の言葉が分からなくても一目で分かるようにだよ。競技ピクトグラムというんだ。初めて使われたのは、1948年のロンドン大会（イギリス）だよ。

A368
非常口のマークは外国でも使われているの？

使われているよ。1982年に日本で作られ、その後、世界各国で採用されたんだ。ピクトグラムが全面的に導入されたのは、第18回東京大会（1964年）なんだよ。

A369
骨は何の役目をしているの？

体を支えたり、脳や内臓を守ったりする役目だよ。おとなの人間には約200の骨があるんだよ。それで、体を支えているんだ。

A370
体の骨は体重の何分の1ぐらい？

5分の1くらいだよ。体重が50kgだったら、10kgくらいが骨の重さなんだ。骨は血液を作ったり、カルシウムなどをたくわえたりするんだよ。

さくいん

※p○○は掲載ページ、A○○は回答の番号を示しています。

英数字

100m走	p26-A68、p42-A130
110mハードル	p42-A130、p72-A213
1500m走	p30-A89、p42-A130
400m走	p42-A130
ＩＯＣ	p32-A90, A91, A92
ＪＯＣ	p36-A105
Vサイン	p76-A230
ＹＳ-11	p50-A161

あ

アイススレッジスピードレース ……p118-357
アイスホッケー……p108-A321
アキレス(けん)……p18-A43
足・脚……p40-A121
あざ……p86-A272
アジア……p6-A5、p20-A51、p44-A135、p106-A310, A311
足が棒になる……p38-A115
あせ……p30-A82、p42-A131、p90-A289, A290
アーチェリー……p8-A12、p118-A355
アーティスティックスイミング ……p6-A6
アテナ……p64-A183
アテネ(大会)……p14-A26, A27, A30、p16-A33、p18-A41、p24-A59, A63, A64、p26-A66、p28-A77、p36-A106、p42-A127、p54-A171、p64-A182, A183、p88-A275、p102-A292、p118-A357
アトランタ(大会)……p22-A54、p36-A109、p42-A128、p62-A179, A180、p80-A247
アナウンス……p18-A40
あばら骨……p38-A116
あぶみ骨……p118-A361
アフリカ……p20-A51
アベベ……p52-A166
アムステルダム(大会)……p36-A108、p40-A122、p84-A266
アメリカ(合衆国)……p12-A21、p20-A51、p22-A54、p24-A60, A63、p28-A78、p36-A107, A109、p42-A128, A129、p46-A143、p62-A179, A180、p72-A215、p74-A224, A226、p76-A227、p80-A247、p82-A252、p84-A263, A266、p86-A268、p88-A275, A276, A277、p102-A297、p104-A304, A305、p108-A319、p110-A324, A327、p116-A348
アメリカンフットボール ……p30-A87

アメリゴ・ベスプッチ……p88-A277
アルバトロス……p76-A228
アルファ(α)……p80-A250、p102-A296
アルファベット……p92-A291、p102-A296
アルベールビル(大会)……p42-A128、p116-A348
アルペンスキー……P84-A259
アンカー……p28-A75
アントワープ(大会)……p30-A89、p34-A102、p102-A298
猪谷千春……p108-A320
イギリス……p16-A37、p30-A89、p36-A107, A109, A110、p40-A119、p44-A138、p50-A162、p62-A178、p68-A195, A196, A197、p70-A203, A210、p72-A218、p74-A224、p78-A236、p80-A246, A247、p86-A267、p88-A276、p90-A286、p102-A292, A297、p110-A328、p114-A342、p118-A355、p120-A364, A367
石原省三……p108-A317
イジー……p62-A179
いだてん……p72-A212
イタリア……p22-A54、p44-A136, A139、p52-A166、p88-A277、p108-A320、p118-A356
伊藤正樹……p84-A264
稲田悦子……p38-A114
イナバウアー……p112-A330
イレブン……p30-A87
インド……p62-A178
ヴァルディ……p62-A172
ヴィニシウス……p68-A201
ウィリアム・ハーベー……p16-A37
ウイルソン……p78-A240
ウィルチェアーラグビー ……p8-A12
ウィンロック……p68-A196
うるう年……p26-A71, A72, A73
運動会……p48-A151
英語……p102-A297、p110-A329
衛星中けい……p46-A144
栄養……p32-A95, A97、p46-A147、p84-A261、p112-A336
エネルギー……p14-A28、p16-A35、p52-A169
エミール・ザトペック……p40-A119
エリザベス・スミス・ミラー ……p74-A226
円……p12-A19, A20、p48-A152、p104-A303
円ばん投げ……p42-A130
エンブレム……p34-A100
王貞治……p80-A244
凹面鏡……p22-A52
沖縄……p8-A11
オーストラリア……p20-A47、p64-A181、p74-A220、p82-A251、p84-A264、p102-A292, A297、p118-A358

オーストリア	p112-A332		p32-A90, A91, A94, A96, A98、
オスロ（大会）	p108-A316		p34-A100, p42-A127, A128、
オセアニア	p20-A51		p62-A180、p110-A328、p112-A338、
織田幹雄	p40-A122, A123		p118-A356, A357
オハイン	p44-A138	かさぶた	p78-A239
オランダ	p36-A108、p40-A122、	カシアス・クレイ	p22-A54
	p84-A266、p108-A319、p120-A363	柏尾誠一郎	p34-A102
オリーブ	p22-A56、p24-A59、p26-A66、	風と共に去りぬ	p62-A180
	p104-A308	加藤澤男	p64-A184
オリンピア	p4-A4、p14-A24, A25, A30、	金栗四三	p28-A80、p36-A111
	p18-A39, A42, A44、	カナダ	p42-A128、p64-A184、p72-A215、
	p22-A52, A58		p102-A295
オリンピアード	p22-A58	カヌー	p8-A12
オリンピア祭	p22-A58	嘉納治五郎	p26-A69
オリンピック	p4-A1, A2、p6-A5, A8、p12-A23、	河北省張家口市	p12-A22、p66-A190
	p14-A24, A25、p18-A42、	空手	p8-A10, A11、p74-A220
	p20-A48, A50, A51、	カーリング	p84-A259、p108-A321、
	p22-A52, A54, A57, A58、		p114-A342, A343
	p24-A59, A61, A63、	カルガリー	p42-A128、
	p26-A67, A69, A70, A71、	カルシウム	p30-A84、p120-A370
	p28-A74, A80、p30-A81, A89、	ガルミッシュ・パルテンキルヘン（大会）	
	p32-A92, A96、		p38-A114、p108-A317
	p34-A99, A101, A102、	韓国	p6-A5、p10-A18、p42-A128、
	p36-A105, A107, A109, A111、		p64-A181、p82-A257、p84-A259、
	p38-A114、p40-A122, A124、		p106-A311、p112-A335, A338、
	p42-A127, A128, A129、		p114-A339, A340, A345、
	p44-A135、p46-A144, A146、		p116-A352
	p48-A155、p50-A156, A160、	関節	p66-A193
	p54-A171、p62-A172、	関東大震災	p106-A309
	p64-A184, A185、p66-A189, A194、	気象衛星	p46-A143
	p68-A195, A196, A198, A202、	ギネス世界記録	p90-A285
	p70-A203, A204、p72-A215, A217、	記念切手	p54-A171、p114-A340
	p74-A220、p76-A227、p78-A235、	競泳	p6-A6、p18-A41
	p80-A243, A247、p82-A251, A257、	ギリシャ	p14-A25, A26, A27, A30、
	p84-A264, A266、p86-A266, A267、		p16-A32, A33、p18-A41, A42、
	p90-A283、p92-A291、		p22-A52、p24-A59, A63, A64、
	p102-A292, A298、p108-A315、		p26-A66、p28-A77、p36-A106、
	p112-A335、p114-A340, A343、		p42-A127、p54-A171、
	p116-A348, A353、p120-A362		p64-A182, A183、p88-A275、
オリンピック・シンボル			p92-A291、p102-A292、p118-A357
	p20-A49	ギリシャ神話	p18-A43、p34-A100、p64-A183
オリンピックデー	p6-A8	ギリシャ文字	p102-A296
オリンピック冬季競技大会		金（金メダル）	p22-A54、p24-A60、p26-A67、
	p12-A23、p22-A57、		p32-A98、p34-A99、p38-A112、
	p32-A90, A91, A94、		p40-A122、p42-A129、p46-A146、
	p42-A127, A128、p110-A328、		p52-A164, A165、p64-A184、
	p112-A338、p118-A357		p68-A199、p72-A214、p88-A275、
か			p106-A310、p110-A324、p112-A338、
開会式	p4-A1、p18-A40、p22-A54、		p114-A339、p116-A350、p118-A357
	p24-A61、p44-A140、p46-A141、	銀（銀メダル）	p24-A60、p26-A66、p30-A89、
	p48-A149, A154、p50-A156、		p32-A98、p34-A99, A102、
	p52-A170、p66-A191、p92-A291、		p36-A108、p44-A136、p52-A164、
	p106-A312、p118-A355		p68-A199、p80-A247、p106-A310、
海水浴	p86-A270、p90-A286		p108-A320、p114-A339、
カエデ	p82-A256、p102-A295		p116-A350、p118-A357、p120-A364
夏季大会（夏季）	p6-A5, A6、p12-A21, A23、	近代オリンピック	p6-A7、p14-A26, A30、p18-A40、
	p26-A71、		p20-A48, A49、p36-A106、p62-A180
		近代オリンピックの父	p6-A7

近代五種	p20-A47
近代スキーの父	p108-A316
筋肉	p16-A35、p24-A65、p38-A115、p42-A131、A132、A133、A134、p72-A211、p74-A221、p84-A260、A261、A262、p108-A322、p114-A346、A347
くちびる	p106-A314
クーベルタン	p6-A7、p18-A40、p20-A49、p28-A78、p82-A251
熊谷一弥	p34-A102
クリケット	p30-A87
車いす	p118-A357
車いすテニス	p8-A12
車いすバスケットボール	p8-A12
車いすフェンシング	p8-A12
グルノーブル	p62-A172
クロッケー	p80-A248
クロール	p24-A64、p88-A279
競輪	p74-A220
ゲートボール	p80-A248
血液	p16-A35、A37、A38、p30-A85、p32-A93、A97、p46-A147、p52-A169、p62-A177、p78-A238、A239、p86-A272、A273、A274、p88-A280、p102-A300、p106-A314、p112-A336、A337、p120-A370
血液型	p102-A299
血管	p30-A86、p46-A147、p84-A260、p86-A272、p102-A300、p106-A314
月けいじゅ	p26-A66
ゲレンデ	p110-A323、p112-A333
原子ばくだん	p22-A55
こう式テニス	p34-A104
こう式ボール	p34-A104
コビー	p62-A176
硬貨	p12-A19、A20、p48-A152、A153
公開競技	p26-A70、p72-A215、p82-A257、p114-A343
呼吸	p84-A262
国際オリンピック委員会	p6-A8、p32-A90
国際身体障がい者スポーツ大会	p46-A145
国際電話	p64-A188
国際フェアプレー賞	p82-A251
国際連合	p104-A308
国民栄誉賞	p80-A244、p114-A345
国民体育大会	p70-A208
古代エジプト	p82-A255
古代オリンピック	p4-A3、A4、p14-A26、A30、p16-A31、A32、p18-A39、A42、A44、p20-A45、A46、A48、p22-A52、A53、A56、p24-A59、p36-A106、p92-A291
古代ギリシャ	p4-A3、A4、p14-A24、p16-A34、p18-A39、A44、p20-A46、p22-A58、p76-A231
国旗	p44-A137、p88-A276、p102-A293、A294、A295、p104-A304、p118-A359
ゴムボール	p34-A104
五輪	p10-A15、p20-A49、A50、A51
五輪書	p20-A50
ゴール	p26-A68、p36-A108、A111、p38-A112、p52-A166、p70-A210
コルチナ・ダンペッツォ（大会）	p108-A320
ゴルフ（競技）	p36-A107、p76-A227、A228
ゴルフボール	p76-A229
ゴールボール	p8-A12

細ぼう	p46-A147、p78-A238、p88-A281、A282
坂井義則	p22-A55
魚釣り	p26-A70
サクラセブンス	p78-A235
サッカー	p8-A12、p30-A87、p36-A109、p80-A245、A246、A247、p82-A251
札幌（大会）	p48-A155、p106-A310、A311、p108-A315
ザトペック	p72-A214
里谷多英	p110-A324
サーフィン	p8-A10、p90-A283、A284、A285
サラエボ	p42-A128
酸素	p14-A28、p32-A95、A97、p38-A117、A118、p42-A134、p46-A147、p112-A336
三段跳び	p40-A122、A123
三半規管	p112-A331
ジェットエンジン	p44-A138
時差	p104-A307
膝蓋骨	p40-A120
十種競技	p42-A130
シッティングバレーボール	p8-A12
室内スケート場	p108-A318
自転車（競技）	p8-A12、p18-A41、p42-A128、p64-A181
シドニー（大会）	p20-A47、p64-A181、p74-A220、p82-A251、p84-A264
視野	p74-A223、p76-A234
射げき	p8-A12、p20-A47、p28-A74、p64-A182、p116-A349
シャトル	p74-A219
シャモニー・モンブラン（大会）	p42-A127、p106-A309
自由形	p24-A64、p86-A268、A269、p88-A279
蹴球	p80-A245
柔道	p8-A12、p26-A69、p46-A146、p50-A159、p74-A220

自由の女神	p104-A305		p116-A352, A353
シュス	p62-A172	聖火台	p50-A160、p108-A315、p116-A353
賞状	p30-A81	聖火トーチ	p24-A59
静脈	p102-A300	聖火ランナー	p22-A54, A55
ジョニー・ワイズミューラー		聖火リレー	p10-A15, A17, p22-A53、
	p84-A266		p108-A316、p116-A352
シンガポール	p32-A91	星条旗	p88-A276
新幹線	p50-A157, A158	ゼウス	p16-A32、p18-A44、p20-A46
人口	p66-A192、p102-A299	セーリング	p64-A182、p66-A190
人工雪	p112-A333、p114-A344	背泳ぎ	p24-A64、p86-A269
心臓	p16-A37, A38、p30-A85、	世界遺産	p4-A4
	p32-A93, A97、	選手村	p70-A204
	p86-A273, A274、p102-A300	セントルイス(大会)	p24-A60, A63、p72-A215、p76-A227
じん帯	p66-A193	ソウル	p16-A32、p42-A128、p82-A257、
新体操	p64-A185		p116-A352
水泳	p6-A6、p8-A12、p20-A47、	ソチ	p114-A345、p116-A350
	p24-A63, A64、p38-A112、	ソフトテニス	p34-A104
	p44-A136、p64-A181、	ソフトボール	p8-A10、p82-A251, A252
	p84-A266、	ソメイティ	p8-A14
	p86-A267, A268, A269, A271、	ソルトレークシティ	p110-A324
	p88-A275, A279	ソ連	p62-A174
水しょう体	p74-A222	ソンドレ・ノルハイム	p108-A316
水球	p6-A6		
スイス	p36-A107、p102-A292	**た**	
スウェーデン	p20-A47、p24-A61, A62、	体育の日	p48-A149, A150、p52-A170
	p26-A69、p28-A80、p36-A111、	体温	p30-A82、p42-A131、p90-A287、
	p40-A124、p86-A267、p104-A306、		p112-A336
	p110-A328、p118-A356	体操競技	p18-A41
スキー	p66-A190、p106-A310、p108-A315,	大たい骨	p118-A360
	A316, A320、p110-A323、	たいまつリレー	p22-A53
	p112-A332, A333、p114-A341、	タイロス1号	p46-A143
	p116-A348, A349, A350	髙木菜那	p112-A338
スケート	p42-A128、p66-A190、p108-A317,	高飛びこみ	p86-A271
	A318、p110-A326, A327, A328,	たこあげ	p26-A70
	A329、p112-A330, A338、p114-A345	ターザン	p84-A266
スケートボード	p8-A10	立ち高跳び	p40-A124
スコアボード	p80-A250	立ち幅跳び	p40-A124
スコーバレー大会	p116-A348	たっ球	p8-A12、p40-A125, A126
スコットランド	p114-A342	ダナ・ザトペック	p72-A214
鈴木梅太郎	p46-A148	タルボット主教	p28-A78
鈴木栄治	p80-A248	男女混合リレー	p10-A16
スタディオン	p20-A46	短きょり走	p28-A80
ストックホルム(大会)	p20-A47、p24-A61, A62、	チェコ(スロバキア)	p40-A119、p72-A214
	p26-A69、p28-A80、p36-A111、	力こぶ	p42-A132
	p40-A124、p86-A267	中国	p6-A5、p8-A11、p12-A22, A23、
すね	p16-A36		p44-A139、p66-A189, A191, A192、
スノーボード	p84-A259、p108-A321		p80-A243、p106-A311、p118-A358
スノーレッツ	p106-A313	中華人民共和国	p66-A192
スピードスケート	p42-A128、p84-A259、p112-A338	中馬庚	p78-A241
スペイン	p42-A128、p62-A176、p72-A217、	ちっ素	p38-A117
	p80-A243	猪突	p78-A237
スポーツクライミング	p8-A10	青島	p66-A190
スポーツマン	p70-A209	通信衛星	p46-A144
スホラン	p112-A335	つき指	p52-A168
スリーアギトス	p118-A359	土田和歌子	p118-A357
スローガン	p10-A18	土ふまず	p30-A83
聖火	p18-A42、p22-A52、p50-A160, A161、	つな引き	p102-298
	p62-A179、p66-A194、	テコンドー	p8-A12、p64-A181

124

テニス	p34-A102, A103, A104、p36-A107, p40-A125
デフリンピック	p116-A351
上腕二頭筋	p42-A132
伝書ばと	p44-A140
デンマーク	p102-A294
ドイツ	p8-A13、p22-A53、p38-A112, A114、p44-A138、p50-A162、p62-A172、p72-A215、p108-A317、p110-A323、p112-A330
銅（銅メダル）	p24-A60、p26-A66、p32-A98、p34-A99、p44-A136、p52-A164、p68-A199、p106-A310、p110-A324、p114-A339、p116-A350、p118-A357、p120-A364
東海道新幹線	p50-A156, A157
冬季大会（冬季）	p6-A5、p12-A22, A23、p22-A57、p32-A91, A94、p34-A100、p42-A127, A128、p48-A155、p62-A172、p66-A190、p106-A309, A310, A311、p108-A316, A317, A320、p110-A324, A328、p112-A338、p114-A339、p116-A350、p118-A356, A357
東京（大会）	p4-A1, A2、p6-A5, A6, A9、p8-A10, A12, A14、p10-A15, A16, A17、p12-A19, A20、p20-A47, A50、p22-A55、p32-A96、p44-A135, A136、p46-A141, A144, A145, A146、p48-A149, A152, A154, A155、p50-A156, A157, A159, A161、p52-A163, A164, A165, A166, A167, A170、p74-A220、p76-A232、p78-A240、p80-A243、p90-A283、p104-A301、p110-A325、p120-A365, A366, A368
東京モノレール	p48-A154
糖分	p52-A169
動脈	p102-A300
東洋の魔女	p52-A165
道路標識	p120-A365, A366
特異日	p46-A141, A142
独立参加選手団	p70-A207
独立宣言（書）	p104-A305
ドッジボール	p74-A224
飛び板飛びこみ	p86-A271
飛びこみ（競技）	p6-A6、p86-A271
跳び箱	p104-A306
トム	p68-A201
トライアスロン	p8-A12、p64-A181
トラック（走）	p28-A76, A77
トランポリン	p84-A263, A264
トルコ	p48-A153
鳥の巣	p64-A187
トロフィー	p76-A231

な

内臓	p32-A95、p42-A131
長野（大会）	p48-A155、p106-A311, A312, A313、p108-A315, A321、p110-A324, A325、p114-A343、p118-A357
長野新幹線	p110-A325
中谷宇吉郎	p114-A344
なでしこジャパン	p80-A247
ナポレオン	p102-A293
なん骨	p66-A193
なん式野球	p82-A253, A254
難民選手団	p70-A207、p104-A301
ニケ	p34-A100
二酸化炭素	p38-A117, A118、p112-A336
西 竹一	p42-A129
日章旗	p44-A137
ニッセン	p84-A263
日本オリンピック委員会	p36-A105、p86-A268
日本ボウリング協会	p82-A256
ニュージーランド	p102-A297
人間機関車	p40-A119
脳	p42-A131、p70-A206、p90-A290、p120-A369
ノーベル賞	p30-A89
ノルウェー	p42-A128、p108-A316

は

バイアスロン	p116-A348, A349
肺活量	p84-A265
羽子板	p34-A103
橋本聖子	p42-A128
馬術	p8-A12、p20-A47、p42-A129、p66-A190
走り高跳び	p42-A130
走り幅跳び	p42-A130
バスケットボール	p30-A88、p72-A215, A216
パスポート	p64-A186
はだしの英雄	p52-A166
旗の日	p104-A304
バタフライ	p24-A64、p86-A269
バドミントン	p8-A12、p62-A178、p72-A217, A218、p74-A219
ハードル	p72-A213
花火	p44-A139
羽生結弦	p114-A345
パラリンピック	p4-A1、p8-A12, A13, A14、p10-A16、p12-A19, A20、p46-A145、p68-A196, A201、p104-A301、p112-A335、p116-A350, A351, A352、p118-A355, A356, A357, A359、p120-A362, A363, A364
パラリンピックの父	p8-A13
パリ（大会）	p12-A21、p24-A63、p26-A70, A71、p28-A74、p34-A101、p36-A106, A107, A109、p40-A124、

125

	p50-A162、p68-A197, A202、p70-A204, A205、p76-A227、p84-A266、p102-A298
バルセロナ(大会)	p42-A128、p62-A176、p72-A217、p80-A243
バレーボール	p50-A159、p52-A165
バロン・ニシ	p42-A129
パワーリフティング	p8-A12
ハワイ	p90-A284
万国博覧会	p26-A70
バンダビ	p112-A335
ピクトグラム	p120-A367, A368
ひざこぞう	p40-A120
非常口	p120-A368
ビタミン	p46-A148
ビッグエア	p84-A259
人見絹枝	p36-A108
日の丸	p44-A137、p104-A302
日の丸飛行隊	p108-A315
皮ふ	p30-A82、p62-A177、p84-A260、p86-A272、p90-A287, A288, A290、p106-A314、p108-A322、p114-A346
ひまわり	p46-A143
日焼け	p90-A288
平昌(大会)	p84-A259、p106-A311、p112-A335, A338、p114-A339, A340, A345、p116-A350, A354
平昌冬季大会	p6-A5、p10-A18
平泳ぎ	p24-A64、p38-A112, A113、p86-A269
貧ぼうゆすり	p114-A347
ピンポン	p40-A126
フィボス	p64-A183
フィギュア	p110-A329
フィギュアスケート	p38-A114、p110-A328, A329、p112-A330、p114-A345
フィンランド	p40-A119、p72-A214、p86-A268
フィリップ・ノエル=ベーカー	p30-A89
フィリピン	p64-A188、p102-A297
プール	p24-A63、p86-A267、p88-A278
フーワー(福娃)	p66-A194
フェンシング	p18-A41、p20-A47、p64-A182
福井誠	p44-A136
福島県	p10-A15
ふくらはぎ	p16-A36
腹まく	p72-A211
フジヤマのトビウオ	p86-A268
フットサル	p30-A88
ブラインドサッカー	p30-A88
プラカード	p24-A62
ブラジル	p32-A98、p68-A198, A199, A201, A202、p70-A207、p76-A227、p78-A235、p84-A264、p88-A275、p104-A301、p120-A364
フランス	p6-A7, A8、p12-A21、p18-A40、p24-A63、p26-A70、p28-A74、p34-A101、p36-A106, A107, A109、p40-A124、p42-A127, A128、p50-A162、p62-A172, A173、p68-A197, A202、p70-A204, A205、p76-A227、p84-A266、p102-A292, A293, A298、p104-A305、p106-A309、p116-A348
フランス語	p18-A40
フリーピストル	p64-A182
ブルーマー(夫人)	p74-A226
ブルックス	p110-A327
古橋廣之進	p86-A268
フンク	p46-A148
ヘアピン・カーブ	p28-A77
閉会式	p18-A40、p116-A353, A354、p118-A358
ベースボール	p78-A241
北京国家体育場	p64-A187
北京(大会)	p6-A5、p12-A22, A23、p64-A187、p66-A189, A190, A191, A194、p80-A243、p106-A311
ヘラクレス	p20-A46
ベルギー	p30-A89、p34-A102、p102-A298、p108-A319
ヘラ神殿	p18-A42、p22-A52
ヘルシンキ(大会)	p32-A96、p40-A119、p72-A214、p86-A268
ベルリン(大会)	p22-A53、p32-A96、p38-A112, A113、p50-A162、p72-A215
ホイットル	p44-A138
ほう丸(投げ)	p14-A29, A30、p42-A130
棒高跳び	p42-A130
ボウリング	p82-A255, A256, A257, A258
ボクシング	p22-A54
ボスニア・ヘルツェコビナ	p42-A128
ボート	p8-A12
ホームベース	p80-A249
ポーランド	p46-A148
北陸新幹線	p110-A325
ボッチャ	p8-A12
骨	p30-A84、p38-A116、p66-A193、p68-A200、p74-A225、p84-A262、p118-A360, A361、p120-A369, A370
ポルトガル	p90-A285
ホルモン	p46-A147
香港	p66-A190

ま

マイケル・フェルプス	p88-A275
前畑秀子	p38-A112, A113
マーガレット・ミッチェル	p62-A180
負けるが勝ち	p28-A79
マスコット	p8-A14、

　　　　　　　　　　p62-A172, A173, A174, A176, A179、
　　　　　　　　　　p64-A183, p66-A194、
　　　　　　　　　　p68-A196, A201, p106-A313、
　　　　　　　　　　p112-A335、p120-A363
マススタート……………p84-A259
まばたき………………p74-A221
まめ……………………p62-A177
マラトン………………p14-A27
マラソン………………p14-A27、p16-A34, A35、p28-A80、
　　　　　　　　　　p36-A110, A111、p52-A166、
　　　　　　　　　　p64-A181、p70-A210、p72-A214、
　　　　　　　　　　p86-A273
マンデビル……………p68-A196
ミーシャ………………p62-A174
マリーン………………p108-A319
三島弥彦………………p28-A80
水着……………………p86-A270
南アメリカ……………p88-A277
南アフリカ共和国………p102-A297
耳たぶ…………………p88-A280
宮本武蔵………………p20-A50
ミュンヘン……………p62-A172, p64-A184
ミライトワ……………p8-A14
棟朝銀河………………p84-A264
村岡桃佳………………p116-A350
メキシコ（シティー大会）
　　………………………p64-A184、p82-A251
メダル…………………p6-A9、p24-A60、p26-A67、
　　　　　　　　　　p30-A81, A89、p32-A98、
　　　　　　　　　　p34-A99, A100, A101, A102、
　　　　　　　　　　p36-A108, p40-A119, A122、
　　　　　　　　　　p42-A129, p44-A136, p46-A146、
　　　　　　　　　　p52-A164, A165, A167、p64-A184、
　　　　　　　　　　p68-A199、p72-A214, p80-A247、
　　　　　　　　　　p88-A275、p106-A310、
　　　　　　　　　　p108-A315, A320、
　　　　　　　　　　p110-A324, A328、p112-A338、
　　　　　　　　　　p114-A339, p116-A350, p118-A357、
　　　　　　　　　　p120-A364
メドレー………………p86-A269
メラニン………………p90-A288
メルボルン大会………p118-A358
モーグル………………p110-A324
モスクワ（大会）………p62-A174, A175
モハメド・アリ…………p22-A54
モントリオール（大会）・p64-A184、p72-A215

や

野球……………………p8-A10、p78-A240, A241, A242、
　　　　　　　　　　p80-A243, A244, A249, A250、
　　　　　　　　　　p82-A252, A253, A254
山﨑浩子………………p64-A185
やり投げ………………p42-A130、p72-A214
ユーゴスラビア…………p42-A128
ユース・オリンピック…p32-A90, A91
ユーロスター…………p68-A197
雪………………………p112-A333, A334、
　　　　　　　　　　p114-A341, A344

ユニバーシアード………p32-A94
ユネスコ………………p82-A251
横綱……………………p106-A312
ヨーロッパ……………p20-A51

ら

ラグビー………………p68-A202、p78-A235, A236
ラケット………………p34-A103, p40-A126
ラジオ体操……………p76-A232, A233
ランニング……………p20-A47
リオデジャネイロ（大会）
　　………………………p32-A98、
　　　　　　　　　　p68-A198, A199, A201, A202、
　　　　　　　　　　p70-A207、p76-A227、p78-A235、
　　　　　　　　　　p84-A264、p88-A275、p104-A301、
　　　　　　　　　　p120-A364
陸上（競技）……………p8-A12, p10-A16, p18-A41、
　　　　　　　　　　p26-A68、p28-A76、p34-A101、
　　　　　　　　　　p40-A122, p102-A298
陸上選手………………p22-A55、p26-A69、p40-A119、p72-A214
リディア王国…………p48-A153
リレー競技……………p28-A75
リレハンメル…………p42-A128
リング…………………p104-A306
リンパ液………………p62-A177
ルートヴィヒ・グットマン
　　………………………p8-A13
レスリング……………p64-A182
レルヒ少佐……………p112-A332
ロサンゼルス（大会）……p12-A21、p42-A129、p64-A185
ロシア（連邦）…………p62-A174, A175、p114-A345、
　　　　　　　　　　p116-A350
ろっ骨…………………p38-A116、p84-A262
ローマ（大会）…………p22-A54、p44-A136、p52-A166、
　　　　　　　　　　p118-A355, A356
ローマ字………………p104-A303
ローラースケート………p108-A319、p110-A326
ロンドン（大会）………p24-A64、p32-A96、
　　　　　　　　　　p36-A109, A110, p40-A119、
　　　　　　　　　　p50-A162、p68-A195, A196, A197、
　　　　　　　　　　p70-A203, A210, p80-A247、
　　　　　　　　　　p86-A267、p110-A328、p118-A355、
　　　　　　　　　　p120-A364, A367

わ

ワイマール……………p50-A162
ワールドカップ…………p80-A247

■監修：
日本オリンピック・アカデミー
正式名称は「特定非営利活動法人日本オリンピック・アカデミー」。英語では「Japan Olympic Academy」。略称としてJOA（ジェイ・オー・エー）とも呼ばれる。ギリシャに本部を持つ国際オリンピック・アカデミー（IOA）を頂点とした、世界各地にある国内アカデミーのひとつで、1978年に設立された。オリンピックの思想・歴史・文化、また医学・生理学的な側面の研究や、オリンピズム、オリンピック・ムーブメントなど、競技だけではない様々な面から関心を持つメンバーで構成されている。JOAの目的は、オリンピック憲章の理念に則った、オリンピックやスポーツの研究、教育、それらを通じた「オリンピズムの普及と浸透」。そのために数多くの事業に取り組んでいる。

■特別協力：佐野慎輔（JOA）、大野益弘（JOA）

■からだ監修：奥仲哲弥（国際医療福祉大学医学部教授）

■切手監修：加賀谷長之（切手研究家）

■貨幣監修：貨幣博物館　　　　　　　　※敬称略

■編集制作：株式会社スプーン

■本文執筆：中村浩訳（株式会社スプーン）

■装丁・本文レイアウト：株式会社スプーン

■イラスト：小玉修作、井川泰年

■写真：ユニフォトプレス、stock.foto、PIXTA、photolibrary、パリ市観光局

CD56198

オリンピック ものしりチャンピオン
オリンピック・パラリンピック、スポーツ、からだの"なぜ"

2018年12月3日　初版第1刷発行
2019年7月26日　初版第2刷発行

発行人　志村直人
発行所　株式会社くもん出版
　　　　〒108-8617
　　　　東京都港区高輪4－10－18
　　　　京急第1ビル13F
　　　　電話　03-6836-0301（代表）
　　　　　　　03-6836-0317（編集部直通）
　　　　　　　03-6836-0305（営業部直通）
ホームページアドレス　https://www.kumonshuppan.com/
印刷　大日本印刷株式会社

NDC780・くもん出版・128P・28cm・2018年・ISBN978-4-7743-2794-5
©2018 KUMON PUBLISHING Co.,Ltd.
Printed in Japan

落丁・乱丁がありましたら、おとりかえいたします。
本書を無断で複写・複製・転載・翻訳することは、法律で認められた場合を除き禁じられています。
購入者以外の第三者による本書のいかなる電子複製も一切認められていませんのでご注意ください。